Bernd Imgrund
Mein Haus in der Eifel

Bernd Imgrund wurde 1964 in Köln geboren und mit Kölsch getauft. Er war Messdiener, Totaler Kriegsdienstverweigerer und Redakteur eines Stadtmagazins. Seine über 20 Romane und Sachbücher beschäftigen sich u.a. mit Kneipen, Tischtennis und der männlichen Psyche. Allein die »111 Kölner Orte« verkauften sich über 100.000 mal. Bei Kiepenheuer & Witsch erschien die Reisereportage »Kein Bier vor Vier. Meine 100-tägige Kneipentour durch die Republik«. »Mein Haus in der Eifel« ist sein erstes Buch in der KBV Edition Eyfalia.

Bernd Imgrund

Mein Haus in der Eifel

Vom Städter, der auszog, Batralzem zu trinken

Originalausgabe
© 2016 KBV Verlags- und Mediengesellschaft mbH, Hillesheim
www.kbv-verlag.de
E-Mail: info@kbv-verlag.de
Telefon: 0 65 93 - 998 96-0
Fax: 0 65 93 - 998 96-20
Umschlaggestaltung: Barbara Thoben
unter Verwendung von: © Anatolii und © Zerbor -
www.fotolia.de
Lektorat: Volker Maria Neumann, Köln
Druck: Buchdruck Zentrum, Landshut
Printed in Germany
ISBN 978-3-95441-327-0

*Gastfreundschaft besteht aus ein wenig Wärme,
ein wenig Nahrung und großer Ruhe.*

Ralph Waldo Emerson (1803-82)

Inhalt

Der Städter und der Eifelbauer 9
Alles so schön alt hier 11
Sachensucher 19
Schminos & Kunos 27
Das Narren-Haus 35
Sambuca am Nachmittag 44
Bernd, der Bankdrücker 51
»Gute Arbeit, Junge!« 59
Milch und Brötchen 67
Der Pfarrer 91
Die Raufaserpresspappenstyroporplattentapete 99
Der Alte Fritz und die Grundbirnen 112
E battere Balsam 121
Meine Eiche heißt Stahl, meine Buche Beton 130
Nach fest kommt ab 136
»Ich esse dich!« 147
Das Holz-Selfie 159
Der mit der Flex tanzt 171
Maria oben ohne 185
Ich bin dann mal auf ein Bit 196
Das Kloppemännchen 213
Zehn Tacken 221
»Was ist das Leben?« 233

Der Städter und der Eifelbauer

Ein ruhiger, schweigsamer Eifelbauer hütete zwei Kühe, die auf einer Wiese grasten, und tat nichts anderes.

Da kam ein Städter des Wegs, setzte sich neben ihn, schwieg anstandshalber einen Moment und fragte dann: »Fressen die Kühe gut?«

»Welche von beiden?«, entgegnete der Eifelbauer.

Da sagte der Städter, leicht aus der Fassung gebracht: »Die weiße.«

»Die weiße: ja«, antwortete der Bauer.

»Und die schwarze?«

»Die schwarze auch.«

Nach diesem ersten Wortwechsel schwiegen die beiden Männer eine ganze Weile und betrachteten die Hügel und das Dorf.

Irgendwann jedoch wurde der Städter unruhig und fragte: »Und geben sie viel Milch?«

»Welche von beiden?«, sagte der Bauer.

»Die weiße.«

»Die weiße: ja.«

»Und die schwarze?«

»Die schwarze auch.«

Wieder folgte eine lange Pause. Die Männer blickten sich nicht an, sondern lauschten dem Bach und den grasenden Kühen.

Aber dann unterbrach der Städter die Stille: »Warum fragst du mich eigentlich immer: ›Welche von beiden?‹«

»Weil«, antwortete der Bauer, »die weiße mir gehört.«

»Ach so«, entfuhr es dem Städter. Als er jedoch über diese Entgegnung nachdachte, wurde ihm ein wenig mulmig. Mit banger Vorahnung rang er sich schließlich zu einer letzten Frage durch: »Und die schwarze? Gehört die auch dir?«

»Die schwarze auch.«

Alles so schön alt hier

In der Küche fehlte der Boden. Durch die weggefressenen Dielen lugte der Felsen, auf dem das Haus einst erbaut worden war. Wie die Turmspitze einer unterirdischen Kathedrale stach er ins fahle Nichts dieses abgewirtschafteten Raumes. Ein Gänseblümchen labte sich am Sonnenlicht, das durch die zerborstenen Scheiben des Sprossenfensters fiel. In der Ecke mit dem quadratischen Fettrand des ehemaligen Herdes sammelten sich seltsame, längliche Einheiten. Sie wirkten organisch.

Aber der Ausblick! Über das Dach der Maximinkirche hinweg blickte man tief hinunter ins Kylltal und wieder hinauf bis zum Grat des dicht bewaldeten Steilhangs, um den herum sich der Fluss gen Malberg schlängelt. Für einen Moment hörten wir ihn rauschen. Dann jagte von der Mariensäule her ein Trecker bergab, dem Zentrum zu.

Das Maklerpärchen sah anders aus, als man sich diesen Menschenschlag gemeinhin vorstellt. Die beiden Holländer kamen eher geraspelt als geleckt daher. Sie mochten Ende fünfzig sein, aber ihre wettergegerbten, wie aus dem Holz gestemmten Gesichter wirkten alterslos. Mit ihren plusterbunten Kleidern schienen sie einem Wimmelbild des Bauern-Brueghel entsprungen. Grob gestrickte Socken staken in abgewetzten Holzclogs. Darüber trug die Frau einen Wust, der an jene vier kartoffelfarbenen Röcke erinnerte, in denen einst Blechtrommel-Oskars kaschubische Großmutter ihre Feldarbeit zu verrichten pflegte. Und bekanntlich nicht nur das.

Hatte sie sich darüber hinaus ein Kopftuch unterm Kinn zusammengebunden? Ich weiß es nicht mehr, aber ich sehe es vor mir. Während der ungemein große Mann kaum sprach, führte die außerordentlich kleine, untersetzte Frau die Regie.

»Hier könnte man zum Beispiel die Wand durchstoßen und aus den beiden Zimmern eins machen«, erklärte sie im Parterre. »Dann hätte man auch mehr Licht, das wäre ein schönes, großes Wohn-Esszimmer.«

Tatsächlich war es vor allem im rückwärtigen Kämmerchen so düster wie in den Birresborner Eishöhlen. Wo die beiden Räume sich trafen, hing die Decke mächtig durch. Da schien ein altersgebeugter Balken seinen Lebensabend zu fristen. Daumengroße Putzstücke auf den Dielen deuteten darauf hin, dass es rasant bergab ging mit ihm.

»Aber man kann das natürlich auch schön so lassen«, fügte die Maklerin an, nachdem sie meinen Blick auf die abgesplitterte Steinwüste ausgewertet hatte. »Dann hat man zwei schöne Zimmer und kann hintenraus schön schlafen.«

Ihr holländischer Akzent klang beruhigend. Aus »schön« wurde eine Art »ß-chöin«, und dieses neue Adjektiv rückte das Haus in ein exotisches Licht. Die problematischen Putzbröckchen mutierten zu archäologischen Artefakten.

* * *

Wir waren gefangen. Überwältigt vom Charme dieser alten Mauern. Früher platzierten die Bauherren zwischen die Bruchsteine ihrer Hauswände immer mal wieder ein Stück Holz. Wieso? – Um dort später etwas aufzuhängen. Steinbohrer, Dübel und Schrauben gibt es noch nicht so lange, und sie waren schon gar nicht im Besitz des kleinen Mannes und seiner Frau. Aber ein Holzstab zwischen stramm geschichteten Steinen reicht für den Nagel, an den man das Bild der verstorbenen Mutter, des nach Amerika ausgewanderten Sohnes hängt.

In manchen Kirchen, auch in alten Kneipen, steht man zuweilen vor freigelegtem, historischem Wandschmuck. Sei es die unter fünf Farbschichten verborgene Freskomalerei aus dem 13. Jahrhundert oder die vergessene Blümchentapete von Oma Krause: Solche Funde sind Fenster in die Vergangenheit. Sie offerieren Bilder, die Filme anwerfen, ein Kopfkino. Und was da die Rolle spult (oder meinetwegen: den Cursor bewegt), ist das eigene Ich. Denn der Blick in die Vergangenheit ist immer zugleich auch eine Selbstvergewisserung: Ich komme irgendwo her, also bin ich!

Das Verwilderte, die Überreste einstigen Glanzes üben eine seltsame Anziehungskraft aus. Der Anblick einer Ruine, sei es die eines alten Hauses oder einer

Burg, weckt die nostalgische Zone. Sie liegt tief im Magen, ich denke, im Zwerchfell. Wer hat hier früher gelebt? Und wie? Hier wurde geliebt und gehasst, hier trank man abends vorm Feuer Met aus Ziegenhörnern und sang dazu Minnelieder von Walther von der Vogelweide. In diesem hochherrschaftlichen Raum saß das Burgfräulein einst verträumt am Spinnrad, in jenem armseligen Zimmerchen schmauchte der Bauer des Abends seine Pfeife. Und da hinten, hm, lacht ein boshafter Zwerg über naiv-romantische Wochenendhauskäufer.

* * *

Alte Häuser haben immer zwei Seiten, zwei sehr unterschiedliche: Von außen betrachtet wirken sie verheißungsvoll und so gemütlich wie eine Puppenstube. Vor allem an einem hellen, warmen, trockenen Tag. Innen jedoch fällt auf, dass es dort dunkler ist als zu Hause. Und der erste Atemzug macht zudem klar, dass Holz modert, dass Natursteinwände Wasser ziehen und ihre Feuchtigkeit gern in den Raum hinein abgeben. Man toleriert das, weil: siehe oben. Und manchmal, im Überschwang des Gefühls, geht man noch einen Schritt weiter. Die ohnehin sichtbehindernden Scheuklappen schwingen nach innen und machen blind.
»Ich würde hier schnell wieder schöne Holzfenster einsetzen«, sagte die Maklerin angesichts der schäbigen Kunststoffrahmen im archaischen Bruchstein. Und ihr Mann nickte dazu mit dem Kopf. Die Makler und die Makel, das alte Spielchen: Indem sie gezielt auf ei-

nen leicht zu behebenden Mangel hinweisen, lenken sie zugleich von den größeren Schwächen des Objektes ab.

Dass sich im Erdgeschoss kein Bad befand, hatten wir zunächst gar nicht bemerkt. Das fiel uns erst auf, nachdem wir die Treppe zum ersten Stock genommen hatten. Denn dort offenbarte sich ein Provisorium aus zwei Rigips-Wänden, einem an der Wand lehnenden Spiegel und einem unausgepackt in der Ecke lagernden Klosett.

»Und sehen Sie, hier hat der Vorbesitzer …«, hob unsere Hausführerin an. Als gäbe es bereits einen Nach-Besitzer. Also uns!

»… hier hat der Vorbesitzer ein Loch in die Wand zur Scheune gestemmt, durch das man schön eine Wasserleitung legen könnte.«

Ich musste eine Weile nachdenken, um ihren Satz in aller Konsequenz zu begreifen. Und dann bewunderte ich die kleine Frau regelrecht: Gab es eine reizendere Art zu sagen, dass in diesem Haus kein fließendes Wasser existierte?

Aber auch auf mich war ich ein bisschen stolz (und möglicherweise hatte sie genau dies bezweckt): Einem Bernd Imgrund macht man kein X für ein U vor, sagte ich mir. Der lässt sich von so einer alten Kaschubin nicht übers Ohr hauen. Einmal im Spürhundmodus, kombinierte ich weiter: Wo keinerlei Wasserleitungen liegen, können auch keine Heizkörper gespeist werden. Ein Blick in die beiden Zimmerchen bewies: Genau so war es. Wer immer hier gewohnt hatte, er war mit einem Ofen ausgekommen.

Wieder schien die Frau meine Gedanken zu erraten. Aber vielleicht war mir auch einfach die Kinnlade heruntergeklappt.

»Das ist gar kein Problem«, erklärte sie, »da installieren Sie unten einfach einen kleinen Pelletofen, dann wird das hier ß-chöin snuckelich warm.«

Ihre hölzernen Pantinen durchmaßen den Raum Richtung Flur. Um mich aus meinen Wintergedanken zu lösen, warf sie flugs eine tollkühne Vision an die Wand.

»Früher oder später machen Sie sowieso einen Durchbruch in die Scheune. Das ist ja klar. Und dann haben Sie so viel Platz, dass Sie sich drei Badezimmer einrichten können.«

Oder vier, dachte ich.

Auf der gegenüberliegenden Straßenseite verbrannte die Sonne das Moos in den Fugen der Friedhofsmauer. Ein haariger Hund briet seinen Bauch auf dem dampfenden Asphalt. Irgendwo weiter oben im Hügel schmiss jemand den Rasentrimmer an. Dass das Anwesen über eine angrenzende Scheune verfügte, war natürlich ein Hammer. Völlig klar, wir wollten das Haus!

* * *

Eine Woche später sah die Sache wieder ein bisschen anders aus. Vor Ort hatten wir unter dem Einfluss einer glückshormongesättigten Vorfreude gestanden. Sie hatte alle Bedenken hinweggespült. Aber so ein Loch im Scheunendach wächst seltsamerweise mit dem geografischen und zeitlichen Abstand, den man zu ihm gewinnt. Beim direkten Anblick sagt man sich: Ah, ein Loch, da regnet's rein. Na ja, das kriegen wir hin. Das dichten wir mit ein paar Schindeln ab. Ein Klacks angesichts der sieben Badezimmer im Landhausstil, die wir dereinst unter genau dieses Dach bauen werden. Zu Hause jedoch mutierte dieses Loch binnen Kurzem zu einem Schwarzen. Es setzte sich in der Magengrube fest, fraß alle Unternehmungslust und generierte ein Gefühl, das ich nicht anders als Angst nennen konnte. Die Angst davor, einen großen Haufen Geld in den Sand zu setzen. Und gleichzeitig: die Angst, einen Traum in eine trostlose, nach außen hin sogar peinliche Angelegenheit zu verwandeln.

Dennoch unterbreiteten wir dem Eigentümer zunächst ein Angebot. Warum, ist schwer zu erklären. Der Kopf macht zu in solchen Phasen, aus Selbstschutz, damit er nicht platzt. Hin und her geht das Urteil: Kaufen, du Feigling, nicht kleinmütig werden, du Spießer! Aber dann wieder: Lass die Finger davon, Dummkopf, man wird dich auslachen!

Dem Schwarzen Loch folgt Weißes Rauschen, ähnlich dem am Ende der Radioskala. Der Blick wird breiig, alle Bewegungen verlangsamen sich, auch die der Finger, die da tippen: Ich biete 22.500 Euro.

* * *

Um es kurz zu machen: Der Besitzer ging tatsächlich auf unser Spiel ein und näherte sich dem Angebot bemerkenswert nah an. Vielleicht sollte man sagen: aufdringlich nah. Sein unvermittelter Abstieg von ausgeschriebenen 55.500 auf 27.750 Euro ähnelte eher einer Kapitulation als einer seriösen Verhandlungstaktik. Vielleicht weckte dieser Kniefall endlich unser Misstrauen. Jedenfalls ließen wir die Geschichte dann ein Weilchen ruhen.

Und dann noch ein Weilchen.

Aus einem Berg von vermeintlichen Problemen wurde ein kleiner Hügel, dann eine kaum wahrnehmbare Bodenwelle, die die Zeit schließlich komplett planierte.

Es hatte nicht sollen sein mit uns und diesem Haus.

Sachensucher

»Bewirte deinen Freund zwei Tage lang, am dritten Tag drücke ihm eine Hacke in die Hand«, lautet ein afrikanisches Sprichwort. Auf den ersten Blick wirkt es ein wenig kaltherzig. Auf den zweiten jedoch auch ziemlich weise. Bevor also einer kommt und mir eine Hacke in die Hand drückt, greife ich selber zu, sagte ich mir. Und meldete mich freiwillig zum Kyllburger Aktionstag »Saubere Landschaft«.

Der gesamte Ort und das halbe Internet waren zuplakatiert mit Ankündigungen. Neun Uhr Treffpunkt auf dem Marktplatz, hieß es. Eine recht unchristliche Zeit, wie ich fand. Dieser fußballplatzgroße Markt dient zugleich als Parkplatz. Märkte werden hier jedoch nicht mehr abgehalten. Und weil der Ort recht entvölkert ist, parkt hier auch kaum einmal ein Auto. An jenem Tag jedoch stand da immerhin der Hänger für die Müllsäcke.

Rund dreißig Menschen hatten sich eingefunden. Auf dem kahlen, morgenkalten Terrain wirkten wir wie eine Eliteeinheit in geheimer Mission. Die meisten Kyllburger schienen allerdings ihre Kinder geschickt zu haben: »Und bring danach Brötchen mit«, mochten sie ihnen mit auf den Weg gegeben haben. Ich hingegen stand dort leibhaftig, in Gummistiefeln und Arbeitsklamotten.

Auch ein paar Flüchtlinge hatten sich bereiterklärt mitzusammeln. Ihnen zuliebe sollte es am Ende Rindswürstchen geben. »Muh«, machte der Bürgermeister erklärend und deutete mit den Zeigefingern Hörner an. Es fiel auch das Wort »sausage«. Dann wurden blaue Müllsäcke und cremefarbene Latexhandschuhe verteilt. Die wenigen Abfallgabeln hatten sich die kleinen Jungs geschnappt. Wie beim Pausendienst in der Grundschule.

1897 schrieb ein Wilhelm Wilsing in seiner Dissertation, was auch im Deutschen Reichstag zu Berlin Common Sense war: Der Eifeler zeichne sich aus durch »nachlässige Pflege und Ernte seines Getreides, es bekundet sich im Schmutze der Dörfer. Auch das ganze Verhalten des Eifler Landwirts deutet auf eine angeborene Bequemlichkeit. Er ist imstande, einen bedeutenden wirtschaftlichen Vorteil dem Schlaf zu opfern, wie er denn überhaupt des Morgens vor sieben Uhr nicht zu haben ist.«

Es gab durchaus Gegenstimmen. Die kamen allerdings, wen wundert's, aus der Region. Der Abgeordnete Glattfelder verteidigte seine Artgenossen, indem er dekretierte: »Eifeler Bauern sind ebenso zäh wie ihre Ochsen. Und die Eifeler Ochsen sind sehr zäh.«

Meine ersten Schritte auf dem Putzmunter-Pfad schienen jedoch dem Nörgler recht zu geben. Kyllburg, diese 850-Einwohner-Stadt, wirkte mancherorts ein wenig vernachlässigt. Lag das an den leeren Häusern? Am Wind vielleicht? In Köln würde ich die Stadtwerke dafür verantwortlich machen. Aber Köln ist in der Hinsicht noch mal ein anderes Thema. Dem dortigen Beamtenadel würde man andernorts nicht mal eine Pommesbude anvertrauen. Geschweige denn eine Großstadt.

Bevor ich den mir zugeteilten Waldabschnitt erreichte, war mein Müllsack schon recht gut gefüllt. Eine Gruppe Jugendlicher hatte zunächst denselben Weg. Wie Geier auf einen Kadaver stürzten sie sich auf jedes Bonbonpapier und jede ins Pflaster gewachsene Büroklammer. Ganz anders mein Spannmann Thorsten. Weil er wie ich allein erschienen war, hatte der Bürgermeister uns zusammen auf den Weg geschickt. Thorsten war Mitte vierzig und hatte sich mir als Schreiner vorgestellt. Wenn ich mal ein Haus hier kaufen sollte, sagte er, sei er der Mann für die Holzarbeiten.

Genau so muss es laufen, dachte ich mir. Hat sich das frühe Aufstehen also schon gelohnt. Aber da kannte ich Thorsten noch nicht.

* * *

Sein Freitagabend schien recht heftig verlaufen zu sein. Unter sehr schmalen Augen trug er schwere, gerötete Tränensäcke. Der Kater hielt ihn jedoch nicht davon ab, ohne Punkt und Komma zu reden. Meistens schien es um seine Mutter zu gehen.

Als guter Trick erwies sich, hinter dem Kollegen herzulaufen. Was er aufsammelte, dafür brauchte ich mich nicht mehr zu bücken. Und was er übersah, gereichte mir zum Triumph. Eine geradezu magische Wirkung geht in solchen Situationen auch von einem ausgestreckten Zeigefinger aus. Kaum deutete ich auf eine von Brennnesseln halb verdeckte Bierbüchse, wanderten Thorstens Augen auch schon dem Finger hinterher. Und er beugte sich statt meiner hinunter.

Lange ging das jedoch nicht gut. Genau genommen reichten meine psychologischen Finessen gerade einmal bis zur Kyll. Dort angekommen, fiel Thorsten ins Gras und steckte sich eine Kippe an.

»Ich weiß gar nicht, warum ich das mitmache«, sagte er schwach. »Den Wald fegen! Ich hab gestern geschafft und muss Montag auch wieder ran.«

Thorsten zog an seiner HB, dann hob er den Kopf und blinzelte in die Morgensonne. »Früher hat mich die Mutter vor die Tür geschickt. Da musste ich die Kaugummis vom Gehweg kratzen.«

Offenbar war die Erinnerung an seine Mutter präsenter als die Autorität, die sie einst ausstrahlte. Denn ab sofort sollte Thorsten nur noch hinter mir herschleichen und seinen blauen Sack über den Waldboden schleifen lassen. Und reden. Wir hatten noch nicht das Schwimmbad erreicht, da setzte er sich bereits das zweite Mal nieder.

»Ich würde jetzt fünf Euro für eine Bifi geben, glaubst du das. Und was ich für einen Durst habe. Zehn Euro für ein Menu: eine Bifi, ein Bit. Würd ich latzen, ohne mit der Wimper zu zucken, hast du nicht was zu essen dabei, vielleicht?«

Je stärker Thorsten nachließ, desto massiver erwachte mein eigener Jagdinstinkt. Pippi Langstrumpf spielte mit Annika und Tommi einmal »Sachensucher«. Das ist »jemand, der Sachen findet«, erklärte sie den beiden.

»Die ganze Welt ist voll von Sachen, und es ist wirklich nötig, dass jemand sie findet. Und das gerade, das tun die Sachensucher.«

Während ich mich jedoch bislang mit Kippenschachteln, Joghurtbechern und verrottenden Blechdosen hatte begnügen müssen, schwärmt Pippi von Goldklumpen, Straußenfedern und Knallbonbons. In schwedischen Wörterbüchern findet man heutzutage das Wort »sakletare« – Sachensucher. Es geht auf Astrid Lindgren zurück.

Frau Lindgren behauptete später in Interviews, ihr Bruder Gunnar sei der weltbeste Sachensucher gewesen. Das stachelte mich an, es ihm gleichzutun. Wie eine Planierraupe durchpflügte ich Brombeersträucher und Uferdickicht. Wie ein Klondike-Digger jagte ich nach allem, was glänzt. Sei es das alte Deo, das Einwegfeuerzeug oder die angeschwemmte Schnapsflasche. Dort am Ufer, das war das Sachensucher-Eldorado. Immer schwerer wurde mein Sack, ich war Usain Bolt beim Training mit Extragewichten. Als ich im Rausch eine lebende Schnecke von ihrem Stein riss und zwischen die Scherben schmiss, wurde mir klar, dass ich einen Gang herunterschalten musste.

Zurück auf dem Weg, kamen uns zwei Joggerinnen entgegen. Sie trugen glänzende Trainingsanzüge und Stirnbänder. Beim Laufen unterhielten sie sich und lachten.

»Fleißig, fleißig«, grüßte die eine.

Ich sah an meinem schmutzigen Blaumann herunter, spürte die schweren Arbeitsschuhe und markierte den stolzen Malocher. Fast hätte ich den beiden hinterhergepfiffen. Thorsten jedoch machte ein gequältes Gesicht und sah zu Boden.

»Ich könnt jetzt noch im Bett liegen«, jammerte er. Dann sank auf einen großen Stein und zündete sich eine weitere HB an.

Sachensucherehrgeiz schien dieser Kerl nicht zu kennen. Mehr als ein paar Styroporpellets und das Silberhälschen von der zersplitterten Pilsflasche vorhin konnte sein Beutel nicht enthalten. Thorsten drückte die Kippe aus und fluppte den Stummel in die Kyll. So geht's natürlich auch, sagte etwas in mir. Der andere Teil wollte hinterherspringen.

Zum Glück hatten wir die Flussschleife bald umlaufen und visierten nun den Bahnhof an. Länger als eine Stunde waren wir sicher noch nicht unterwegs gewesen. Aber auch ich verspürte einen gewissen Durst. Immerhin hatten wir (also genau genommen: ich) hart gearbeitet, wortwörtlich im Dreck gewühlt. Außerdem hätte es einen schlechten Eindruck gemacht, wenn wir allzu früh wieder am Ausgangsort erschienen wären.

Diese Bahnhofsgebäude in der südlichen Eifel, verwinkelt, mit ihren Türmchen und Erkern, sehen alle aus wie Pippis Villa Kunterbunt. Nur dass sie eben aus dem roten Sandstein der Region bestehen. Aus Köln kommend, stoppte auf Gleis 2 die Eifelbahn. Ein Quartett Wanderer stieg aus und schulterte die Rucksäcke.

»Dann wollen wir mal«, sagte der Anführer mit dem GPS-Gerät.

»Die Mutter hat ihren Frühschoppen geliebt«, sagte Thorsten.

Damit war die Sache entschieden.

* * *

Zwei Stubbis später machten wir uns auf den Rückweg. Ich wusste nicht, wie es meinen Mitstreitern erging. Aber was mich betraf, hätte es mir etwas bedeutet, am Ende den prallsten aller Beutel zu präsentieren. Dass ich diesen voluminösen Ölkanister gefunden hatte, betrachtete ich als Glücksfall. Er blähte meinen Sack entscheidend auf. Ein Reinfall hingegen, sich jenen Steilhang hinuntergekämpft zu haben. Sah aus wie der Rücken einer Moorleiche, das Teil. War aber nur ein vom Regen glattgewaschener und von Mikroben angefressener, alter Baum. Kurz vor dem Ziel kam mir der Gedanke, meinen Suchsachen ein paar Flusssteine beizugeben. In der DDR hätte man solche Säcke nicht nur vermessen, sondern auch gewogen. Und dann, ja, hätte mich jemand zum Held der Arbeit erklärt.

Um dem Bürgermeister gleich zu imponieren, experimentierte ich mit verschiedenen Gangarten, die das Gewicht meines Packens optisch verstärken sollten. Ein Kölner Kumpel von mir war in seiner Jugend Brikettschlepper. Der hatte mir den Buckel gezeigt, auf dem man 50 Kilo Klütten in den fünften Stock trägt. Davon profitierte ich nun.

Als wir jedoch auf dem Marktplatz anlangten, stand da nur der Hänger. Offenbar waren wir die Letzten. Thorsten knüllte seine Ausbeute zusammen und warf sie achtlos auf die Ladefläche. Zwei Dutzend blaue Säcke lagen da, die meisten davon – das registrierte ich mit Kennerblick – waren höchstens halbvoll. Aber das

Spiel war aus, der vorpubertäre Sachensucher wurde wieder zum erwachsenen Mann.

»Gastfreundschaft besteht aus ein wenig Wärme, ein wenig Nahrung und großer Ruhe«, schrieb der amerikanische Naturphilosoph Ralph Waldo Emerson. Warm war mir durchaus, und die frühe Arbeit hatte eine große Ruhe über mich gebracht.

»Ich hab einen Hunger, ich könnt die Großmutter fressen«, sagte Thorsten.

Dann marschierten wir ins Gemeindezentrum.

Alle saßen im Kreis, die Rindswürste waren schon heiß.

Muh.

Schminos & Kunos

Hausbesitzer waren wir noch immer nicht. Aber ich lernte, las, lebte mich ein in die Eifel. Der natürliche Feind des Schminos (Kyllburg) ist der Kuno (Malberg). Zwar sind lokale Rivalitäten so normal wie Kühe auf der Weide. Aber die Fehde dieser beiden Ortschaften beschränkt sich nicht auf Schlägereien beim Fußball und den alljährlichen Diebstahl des Maibaums. Sie geht tiefer, sie reicht Jahrhunderte zurück, und sie ist noch heute spürbar.

Steht für den Rat der Verbandsgemeinde ein Kyllburger zur Wahl, bekommt er hier an die hundert Prozent – egal, wofür er steht, versteht sich. In Malberg hingegen wird sich höchstens eine Handvoll Menschen für ihn entscheiden. Das sind dann die Zugeheirateten, die mit ihrem Votum alte Heimatverbundenheit demonstrieren. Ohne das deutsche Wahlgeheimnis wäre das allerdings kaum möglich.

Eines Tages, ich war noch sehr frisch in Kyllburg, saß ich in der Brückenschänke neben einem einflussreichen Lokalen, einem Bauunternehmer. Er war ein hohes Tier in der CDU, zigfacher Prinz Karneval (Schoawen genannt) und Vorsitzender von vierhundert örtlichen Vereinen. Weil ihm außerdem der halbe Wald zwischen hier und Luxemburg zugerechnet wurde, stellte ich ihm eine diesbezügliche Frage: Woher denn dieser kahle Steilhang östlich über Malberg rühre.

Der war mir bei einem Spaziergang aufgefallen. Ringsum dichter, gesunder Wald und mittendrin diese entbaumte, hässlich-abgefressene Stelle. Beim ersten Anblick dachte man an Brandrodung, aber wer sollte dort oben schon landwirtschaftliche Interessen haben. Der Bauunternehmer zog zweimal konzentriert an seinem Bitburger, bevor er mich mit einem klauskinskiesken Blick durchbohrte. Dann sagte er: »Wer meint, der Malberger verstehe etwas von Waldwirtschaft, der hält die 8 für ein Nonnenheim.«

In der Kyllburger Stiftstraße Nr. 8, muss man dazu wissen, ist das örtliche Bordell untergebracht.

Es ist nicht allzu lange her, da konnten solchen verbalen Scharmützel zwischen den Dörfern jäh eskalieren. Und unter Umständen sogar tödlich enden, wie ein Ereignis vom Januar 1926 belegt. Am 28. jenes Monats, so berichtete der *Trierische Volksfreund*, war es in der Malberger Gaststätte Müller zu einer folgenschweren Auseinandersetzung gekommen. Besucher des Kyllburger Marktes waren vor der Theke mit jungen Malbergern in Streit geraten. Als die ersten Gläser flogen und Köpfe bluteten, warf der Wirt die Meute aus dem Lokal. Auf der Straße dann ging es erst richtig zur Sache. Einer der Auswärtigen zückte seinen Dolch und stach ihn dem nächstbesten Einheimischen in den Leib. Dessen Kumpane wiederum schlugen mit Holzprügeln auf die

Marktbesucher ein. Endlich erschien die Polizei, beendete das Tohuwabohu und nahm den Messerattentäter fest. Dessen Opfer überlebte zwar, aber einer der geflüchteten Gäste aus dem Nachbarort blieb verschwunden. Erst am nächsten Morgen fand ihn ein Waldarbeiter am Rande eines Gartenwegs. Er war tot, erlegen seinen schweren Kopfverletzungen.

Das letzte Wort hatte schließlich der Richter. Im Sommer 1926 waren die umfangreichen juristischen Untersuchungen abgeschlossen. Fünf Männer wurden zu Freiheitsstrafen zwischen drei Monaten und zweieinviertel Jahren verurteilt. Darunter übrigens auch ein allseits angesehener Bauunternehmer.

* * *

Die Gaststätte Müller hat längst dichtgemacht. Und nicht nur sie, in Malberg existiert inzwischen überhaupt keine Kneipe mehr. Wenn die Kunos einen trinken wollen, müssen sie nach Kyllburg gehen. Sie bekommen ihr Bier, keine Frage. Auch erschlagen wurde hier in letzter Zeit niemand mehr.

Blickt man in die Vergangenheit, waren Kyllburg und Malberg jahrhundertelang Frontstaaten, getrennt durch einen Hügel und eine Flussschleife. Auf der einen Seite regierte der kurtriersche Erzbischof, auf der anderen die Noblen der limburgisch-luxemburgischen Hemisphäre. Grün waren sie sich selten, auch wenn man interessehalber zuweilen an einem Strang zog. Dass die Karikatur des Malbergers ausgerechnet der Kuno wurde, basiert jedoch letztlich auf einer historischen Verwechslung. Oder genauer: auf einer Verschmelzung. Denn Ritter Kuno von Malberg, gern auch »der Große« genannt, war in der Eifel hoch angesehen. Er galt als gerechter Herrscher von unzweifelhaftem Lebenswandel. Schon zu Lebzeiten rankten sich allerlei volksnahe Legenden um ihn. Zum existenziellen Wendepunkt sollte ihm die Teilnahme am Zweiten Kreuzzug 1147 werden. Der für die christlichen Heere desaströse Marsch weckte seine Religiosität. Kuno sagte dem weltlichen Leben Lebewohl und trat als Mönch ins Kloster Himmerod ein. Dort starb er 1180 als ergebener Diener des Herrn.

Alles prima also, sollte man meinen. Ein großer Malberger, vor dem selbst der Schmino den Hut zieht. Richtig böse wird die Geschichte dann auch erst unter einem seiner Nachfolger, Rudolf von Malberg. Nachdem dessen Tante Agnes 1236 ohne männliche Erben verstorben war, hatte er sich große Hoffnungen auf ihre Hinterlassenschaft gemacht. Sämtliche herrschaftlichen Güter jedoch hatte die alte Agnes der Abtei im nahen St. Thomas vermacht. Rudolf übernahm zwar die Regentschaft über Malberg und die Burg, aber ohne Wald- und Landbesitz war er aufgeschmissen.

Als echter Machtpolitiker wusste Rudolf Rat und handelte, wie sie's noch heute tun: Nehm ich's mir halt von den Schwachen, sagte er sich. Und das waren in seinem Fall die Nonnen von St. Thomas. Wie eine Räuberbande fielen Rudolf und seine Genossen über die Schwestern her. Sie erschütterten die Klosterstille mit dem Geschepper ihrer Waffen und forderten das Erbe der Tante zurück. Irgendwann wussten sich die Frauen nicht mehr anders zu helfen, als an den Hof ihres Erzbischofs in Trier zu flüchten. Erst nach einer langen Belagerung seiner Burg durch das kurtrierische Heer lenkte Rudolf ein.

Ein Jahr später begann man auf Betreiben des Erzbischofs mit dem Bau der Burg auf dem Kiliberg. Deren Turm, damals rund zehn Meter höher als heute, sollte fortan Kunos Machenschaften in Malberg kontrollieren helfen. Aber Rudolf war nicht zu bremsen. Des Raubritters Schergen schlugen ihr Holz im Nonnenwald, überfielen wahllos fahrende Händler und streckten ihre Fühler gen Kyllburg aus. Um sein Treiben ein für alle Mal zu beenden, griff man zum Äußersten: 1254 wurde über Rudolf die Reichsacht verhängt. Von diesem Moment an war jedermann berechtigt – sogar dazu aufgefordert –, ihn auf jede erdenkliche Art zu töten. Straffreiheit war garantiert.

Aus den beiden jeweils auf ihre Weise herausragenden Malbergern, dem berühmten guten und dem ohne jenen wohl vergessenen bösen, wurde der Gesamt-Kuno. Und der Bau der Kyllburger Burg gab schließlich Anlass für die Malberger Retourkutsche »Schmino«. Das Wort stammt vom hebräischen šạmar (= bewachen) ab. Über das jiddische »schmiro« mutierte es schließlich zum gaunersprachlichen »Schmiere stehen«.

Ist ein Schmino also nichts weiter als ein Wachhund? Dort der heißblütige Raubritter, hier der schnöde Kläffer?

Die Frage wollte ich mir so nicht stellen. Ich war entschlossen, unter die Schminos zu gehen. Denn in Malberg, wie erwähnt, gibt es ja nicht einmal eine Kneipe.

* * *

Der alternde Räuber entzog sich letztlich der Ächtung, indem er wie schon sein Ahne die klirrende Rüstung gegen die stille Mönchskutte eintauschte. Angeblich war es ein Gebet der Nonnen von St. Thomas, das den Wolf in ein Lamm verwandelte. Andere Sünder und solche, die man dafür hielt, entkamen ihrem Schicksal nicht so geschmeidig. Auch in der Eifel wurden Gefangene gefoltert und vermeintliche Hexen verbrannt. Ein Blick in die Gebührenordnung des frühen 18. Jahrhunderts zeigt, wie bürokratisch durchorganisiert das System der »peinlichen Befragung« auch hierzulande war. Einem »Inquisiten Finger oder Hand abzuhauen« schlug mit drei Reichstalern zu Buche, ebenso wie das Abschneiden von »Nas und Ohren«. Eine Einheit teurer kam das »Henken oder Köpfen«. Und gleich zehn Gebührentaler fielen an, um »einen lebendig zu verbrennen oder aber erst zu henken oder zu strangulieren und hernach mit dem Galgen oder Pfosten zu verbrennen«. Aber gut, das klingt ja auch nach richtig Arbeit.

Obwohl die Folter im Zeitalter der Aufklärung zunehmend in die Kritik geriet, wurde sie noch bis ins späte 18. Jahrhundert hinein praktiziert. Die Wende hin zu einer humaneren Strafgerichtsbarkeit kam erst mit den französischen Revolutionstruppen. Foltern war fortan bei Strafe verboten, genau wie in Frankreich. Und die entsprechenden Insignien wurden publikumswirksam vernichtet, wie der gebürtige Trierer Karl Marx berichtet: »Es war am ›Feste der Freiheit‹, dem 27. Juli 1799, wo die Folterbank und das Halseisen unter großem Gepränge auf dem Palastplatz ins Feuer geworfen worden sind.«

Was noch eine ganze Weile bleiben sollte, waren die Todesurteile. Im Kyllburger Land existierten im Laufe der Jahrhunderte verschiedene Hinrichtungsstätten. Eine davon befand sich auf dem Rosenberg, einem Hochplateau mit Blick auf Kyllburg und Malberg. Drei Meter hoch soll der massive Galgen gewesen sein, erzählt ein Text aus dem Jahr 1934. Und der »letzte arme Sünder, der vom kurfürstlichen Gericht in Kyllburg gehenkt wurde«, habe auf den seltsamen Spitz(buben)namen »Bienchen« gehört. Ganz alte Kyllburger, so der Lokalhistoriker, erzählten noch von ihren Großeltern, die den Straßenräuber baumeln sahen. Die Leichen blieben zur Abschreckung mehrere Tage hängen, und besonders schaurig habe die Szenerie gewirkt, wenn dort oben Wind aufkam. Denn dann begann er zu schaukeln, der traurige Galgenvogel. Mal nach rechts, mal nach links habe er genickt. Rechts nach Malberg, links nach Kyllburg. Rechts gen Kunos, links gen Schminos.

Epilog: Das Lokalderby

Malberg spielt gegen Kyllburg, kündigt der *Volksfreund* an. Na prima, denke ich mir, die Mutter aller Derbys, das sehe ich mir an. Hoffentlich hauen die sich ordentlich auf die Knochen, das gäbe ein schönes Ende für mein Kapitel über die Kunos und die Schminos.

Ich fahre also eines Samstags die anderthalb Stunden von Köln nach Malberg. Dort stelle ich fest: Dieser Fußballplatz gleicht einem verwilderten Acker. Ein paar Jungs kicken dort stolpernd herum. Ich frage sie nach dem wahren Ort der Schlacht, aber es handelt sich um Flüchtlingskinder. Ihre Betreuerin hat zwar keine Ahnung von Fußball, vermutet aber, dass Malberg seine Spiele in Kyllburg austrägt. Dort gebe es schließlich einen richtigen Fußballplatz. Es ist inzwischen kurz vor vier, ich will den Anstoß nicht verpassen. Die BMW jagt die Hügel hoch und runter, pünktlich stehe ich vor Ottos Bistro, dem Vereinslokal am Stadion. Auf dem Rasen jedoch kämpfen nur zwei Schülermannschaften um den Ball. Zum Glück ist kurz darauf Halbzeit, ich spreche den Schiedsrichter an:

»Können Sie mir sagen, wo Malberg heute gegen Kyllburg spielt?«

»In Malberg«, antwortet er, »aber ich denke, ich sehe schon Ihr Problem.«

Und seit diesem Tag weiß ich, dass die SG Malberg, die mit Kyllburg in der Rheinlandliga spielt, aus dem Hunsrück kommt.

Das Narren-Haus

Eines Tages stand es dann einfach vor uns …
Schön wär's. Aber solch ein Satz ist reine Literatur. So etwas träumt man gern, wenn man einen großen Wunsch hat: Eines sonnigen Morgens im Frühling spazierte ich durch den Schlosspark, und da traf ich sie. Jetzt sind wir seit 85 Jahren ein Paar, haben zehn Kinder und dreißig Enkel. Nein, in Wirklichkeit ist der Weg zum eigenen Haus mühselig. Oder um es jamesbondesk zu sagen: sehr mühselig!

Auf die erste folgten zahllose weitere Hausbesichtigungen. In Kyllburg stand genug leer, da gab es viel anzuschauen. Zum Beispiel die Hütte des geldgierigen Luxemburgers. Manche Menschen bekommen einfach den Hals nicht voll. Die kaufen sich immer direkt sämtliche von den Zitronengeschmackschokoladetafeln im Regal, damit mir keine mehr bleibt. Oder sie sammeln halt Häuser, die sie dann leer herumstehen lassen. Monopolymenschen eben, wie der Luxemburger mit dem hässlichen Siebzigerjahre-Kubus am Ortsrand.

Das Haus hatte mich weniger wegen seiner zeittypischen Kratzputzfassade als ob der grandiosen Aussicht betört. Auf dem Balkon im Obergeschoss übersah man den Fluss, den Ort, die erhabene Stiftskirche und ein riesiges Stück Himmel. Innen jedoch, das spürte man mit dem Eintritt, lauerte ein Haufen Arbeit. Jedenfalls für einen Menschen mit einigermaßen intaktem Geschmackssinn. Den Flur und das gesamte Treppenhaus dominierte ein grob verspachtelter Landhausputz in der Ausführung »Griechischer Vorstadtimbiss«. Mit den pseudoantiken Amphoren und Akten, die jede Treppenstufe und jedes freie Plätzchen Wand schmückten, hätte man ein kleines Museum bestücken können. Die Liebe zum Detail ging hier so weit, dass man den armen Nackten teilweise die Arme, Nasen und Geschlechtsteile abgeschlagen hatte. Wer auch immer das gewesen sein mochte.

Völlig konträr dazu das Wohnzimmer: Über marmorierte Stufen gelangte man in einen Raum, der dem Gelsenkirchener Barock huldigte wie die alten Griechen dem Dionysos. Eiche rustikal das Sofa, der Tisch und die Sessel, dicke Holzkugeln an allen Ecken und Enden, und die Troddeln der Kissen korrespondierten mit denen der goldgrünen Lampenschirme. Das Tüpfelchen auf dem i bildete ein riesiges, goldgerahmtes Barockgemälde des luxemburgischen Großherzogs und seiner Familie.

»Besser e Steck Brut am Saak wie en Feder op'm Hot«, sagt man in der Eifel. Aber dieser Luxemburger trug offenbar eine ganze Federboa am Borsalino. Dem veranschlagten Preis nach zu urteilen, schien er ausgesprochen stolz zu sein auf seine, nun ja, eigenwillige Inneneinrichtung. Vielleicht stammte der herzögliche Schinken auch von einem lëtzebuergischen Gerhard

Richter. Jedenfalls hätte man für diesen Betrag anderswo ein ganzes Eifeldorf kaufen können. Unsere Verhandlungen liefen ungefähr so: Ich bot ein Viertel des Geforderten, der Luxemburger ging um 9,99 Euro nach unten. Damit war die Sache erledigt.

Ich hätte sowieso nicht gewusst, wohin mit den ganzen Vasen.

Nicht viel besser liefen meine Geschäfte auf der anderen Seite der Kyll. Eigentlich zieht man da nicht hin, weil es eben die falsche Flussseite ist. Bei uns in Köln nennt man das rechte Rheinufer die Schäl Sick, die »schäle«, schielende Seite. Konrad Adenauer soll die Vorhänge seines Abteils zugezogen haben, wenn er für Auslandsreisen da rüber musste. Die Römer haben ihre Colonia nun einmal auf die andere Seite gebaut. Um einen Vergleich zu wagen: Was Romulus und Remus der Palatin, war den Kyllburger Ureinwohnern der hochwassersichere Stiftsberg. Und der Rest, erst viel später besiedelt, heißt im ersteren Fall heute Vatikan. Im zweiten, etwas schlichter: Überbrück.

Die Kyllburger Stadtteile trennte jedoch nicht nur das Wasser. Auch die sozialen Unterschiede scheinen dereinst gewaltig gewesen sein. Im Oktober 1923, so liest man, kam es deswegen beinahe zur Teilung des Ortes. Im Deutschen Reich grassierte – als Folge von Krieg und Reparationszahlungen – die Inflation. Seit Anfang 1923 versuchten westdeutsche Separatisten, dem wirtschaftlichen Elend durch Abspaltung zu entfliehen. Ihre Utopie: die Rheinische Republik.

Auch Kyllburg hätte dazugezählt, und offenbar fand das Beispiel Anhänger. Ein Haufen zu allem entschlossener Überbrückler versuchte sich an einer Art Bonsaiversion und rebellierte gegen die Städter auf der privilegierten Seite des Flusses. Die Aufständischen drohten die alte Kyllbrücke zu sprengen und propagierten die Trennung Überbrücks vom Kern der Stadt. Aber die Revolte erstarb im Keim. Letztlich scheiterten beide Vorhaben: Weder kam es je zu einer Rheinischen Republik, noch wurde Überbrück unabhängig.

Auf der Verliererseite des Flusses zu wohnen, hätte ich vielleicht noch verkraftet. Echte Magenschmerzen bereitete mir hingegen der Wandschmuck jenes Hauses. Hatte der Luxemburger auf nackte Götter gesetzt, so zierten hier Abertausende bunter Kachelscherben die Zimmer. Das wild verfugte Puzzle hatte etwas von einem psychedelischen Hallenbad. Hin und wieder unterbrachen kleine Spiegelmedaillons das Farbenmeer und warfen meine schreckgeweiteten Augen zurück.

»Das waren Künstler, verstehen Sie?«, sagte der Makler.

»Nein«, antwortete ich.

»Nun ja, die haben sich bunte Kacheln gekauft, die in einen Sack gesteckt und dann kleingeschlagen. Das ergibt schöne, individuell geformte Scherben, die man dann ganz nach Gusto an die Wand arrangiert.«

»Und bekommt man die auch wieder ab?«, fragte ich.

»Das wird sicher viel Arbeit«, entfuhr es dem Makler.

Wir sahen uns an. Zwei resignierte Pilger im misslungensten Entwurf aller orthodoxen Kitschkirchen.

»Die Scherben ziehen sich nicht bis ganz oben durch«, startete der Makler eine letzte, matte Offensive. Dann gab er auf.

* * *

Und eines Tages stand es dann einfach vor uns.

Ein handgeschriebener, im Verbleichen begriffener Zettel im Fenster: *Zu Verkaufen*. Dazu eine Telefonnummer. Das hieß schon mal: Da annoncieren Menschen, die Makler mieden. Eigentlich wirkte diese Anzeige geradezu defensiv. Die Besitzer schienen gar nicht so richtig entschlossen zum Verkauf. Denen war vielleicht die Mutter gestorben, die waren in dem Haus aufgewachsen und konnten sich wider alle Vernunft nicht so recht davon trennen. Und so ähnlich war es letztlich auch. Wenngleich die alte Frau Artz, zu ihrem Glück, noch lebte.

Was mich sofort interessierte, waren die beiden Narren auf dem Schlussstein über der Tür. Zentral war dort ein von Pfeilen durchbohrtes Herz herausgearbeitet. Und rechts wie links davon feixten zwei Kerle, wie man sie aus jedem Kölner Elferrat kennt: Narren mit einem bommelbesetzten Schiffchen auf dem Kopf, als Seitenprofile zum blutenden Herzen hin orientiert.

Das ist es, dachte ich mir. Der liebe Gott hat uns einen Wink gegeben, mit einem Zaunpfahl so groß wie ein Schiffsmast. Kölner Insignien, verbunden mit Eifeler Aberglauben, so soll es sein. Mehr als dreihundert Jahre alt war diese Arbeit, erfuhr ich später. Wie die halbe Straße, so hatte auch unser Haus im Dezember 1944 einen amerikanischen Volltreffer bekommen bei dem Versuch, ein Tanklager auf dem Marktplatz zu demolieren. Aber den Türstein und ein paar andere hatte man aus den Trümmern gefischt und wiederverwendet.

Eingebettet war der barockzeitliche Cartoon in eine komplett aus Buntsandstein bestehende Fassade. Jeder Stein zum Quader geschlagen, schraffiert und sauber verfugt. Eine Steuerliste von 1624, also ungefähr aus der Bauzeit unseres Urhauses, listet unter 52 Kyllburger Haushalten sechs Steinmetzen auf. Eine beachtliche Zahl, wenn man bedenkt, dass hier ja auch noch geschreinert, genäht, gemauert, bewirtet und gebetet werden musste. Der rote Sandstein des Kylltals war gegen Ende des 19. Jahrhunderts sogar deutschlandweit in Mode gekommen. Unter anderem verbaute man ihn im Berliner Reichstag. Wer heutzutage auf halber Höhe von Kyllburg nach St. Thomas spaziert, passiert dabei zahlreiche stillgelegte Steinbrüche. Brombeerstrünke hängen von den steilen Klippen, aus denen man einst das Material gebrochen hat. Moos wächst auf zurückgelassenen Mühlsteinen, die Natur erobert sich ihr Terrain zurück.

Über unsere Narren zog sich ein schmaler Fensterbogen mit einem weiteren Reliefstein. Darauf ein sehr rundes Gesicht, dessen Zunge schräg herausstand. Natürlich zeigte sie nicht nach oben, zur Stiftskirche hin. Sondern nach unten, gen Hölle, wo im Zweifelsfall die Dämonen und Einbrecher herkamen. Später entdeckte ich ein ganz ähnliches Mondgesicht an einer Säule im Kreuzgang der Stiftskirche. Die beiden hätten Brüder sein können, vielleicht stammten sie tatsächlich vom selben Steinmetz.

Das Haus mit der Telefonnummer im Fenster lag knapp unterhalb der Bergkuppe. Die Straße war eng und steil, ihren Verlauf bestimmte der Grat des schroffen Hügels, über den sie sich schlängelte. Vor allem im unteren Bereich drängten sich die schmalen Häuschen wie Lämmer aneinander. Hier war die Eifel auf eine atmosphärische Art düster, beinahe noch mittelalterlich. Ich stellte mir vor, des Abends nach einem Essen unten am Fluss hier heraufzuklettern und »unser Haus« zu betreten. Der Gedanke gefiel mir außerordentlich.

* * *

Jedes Haus hat seinen eigenen Charakter. Selbst ein Reihenhaus riecht für immer anders als das benachbarte, wenn es einmal bewohnt war. Und natürlich ist jedes Haus in einem anderen Zustand, je nach dem, wie gut man es gewartet hat.

Wenn man Glück hat, wurde das Objekt vor der Besichtigung vollständig ausgeräumt. In Kyllburg hatten wir Glück. Ein leerer Raum ist wie die jungfräuliche Leinwand eines Malers. Oder sogar besser, vielversprechender, weil dreidimensional. Wo jedoch schon ein Sofa steht, kann man sich schlecht ein anderes hindenken. Und von vergilbten Gardinen, einem abgerockten Küchenschrank oder durchgesessenen Fernsehsesseln geht etwas unangenehm Muffiges aus. Man betrachtet die Spuren eines vergangenen Lebens, die Spuren eines Endes, wo man doch selbst einen Anfang starten möchte.

Der Luxemburger hatte sein komplettes Mobiliar zurückgelassen. Wahrscheinlich spekulierte er darauf, dass ihm jemand Abstand zahlte für den begehrbaren Pressspankleiderschrank im ersten Stock. Oder für die nackerten Nymphchen allüberall. Die Künstler aus Überbrück wiederum hatten zwar sämtliche Möbel ausgeräumt, aber dafür ihr wüstes Scherbeninferno angerichtet. Im Narren-Haus an der Stifstraße hingegen hatte man allen Platz, um seine Phantasie spielen zu lassen. Im Geiste sah ich da oben in dem Zimmer schon meinen Kickertisch stehen. Dahinter die Bar und darüber an der Wand den silbernen Hirschkopf mit dem FC-Schal. Nun ja, da hatte natürlich auch noch jemand anders mitzureden.

Insgesamt hatten wir das Haus wohl nur eine halbe Stunde besichtigt. Und dann im Café weitere dreißig Minuten diskutiert. Danach war die Sache geritzt: Kaufen wir, das Narren-Haus soll unser werden.

Es war irgendwann später, wieder in Köln, als mich ein wilder Haufen Gedanken überfiel wie Indianer einen Siedlertreck: Nach der Träumerei kommt die Arbeit, Bernd, flüsterte mir ein böser, kleiner Mann ins Ohr. Dieses Haus ist in seiner Substanz über 300 Jahre alt. Da kleben Rauhfaser-, Styropor- und seltsam gummierte Tapeten an allen Wänden. Und du wolltest doch ein Haus ohne Tapeten – oder, Bernd? Und da liegt Laminat in der Küche, PVC im Schlafzimmer und Auslegware da, wo du irgendwann mal arbeiten willst. Hattest du nicht von schönen, alten Landhausdielen fantasiert?

Hm, und warum sind hier eigentlich so viele Steckdosen außer Betrieb? Die klemmt man doch nicht ab, wenn man auszieht. Oder? Hast du dich mal gefragt, womit diese seltsame, grau-grüne Stelle unterhalb der Dachschräge zusammenhängt? Da haben bestimmt nicht nur die Anstreicher versagt, da ist etwas undicht, mein Lieber! Kann man da irgendwas tun? Muss man da nicht sofort etwas unternehmen? Also, ich an deiner Stelle ...

Aber mal was anderes: Hast du diesen Vertrag wirklich unterschrieben? Schon mal überlegt, wie man so eine Bude wieder loswird?

Der Traum war wahr geworden. Er hatte Formen angenommen, ein paar schön geschwungene, aber auch solche mit bedrohlichen Ecken und Kanten. »Renovierung« war für mich bislang nicht mehr gewesen als ein Wort mit elf Buchstaben. Bald sollte ich lernen, was noch in ihm steckt.

Sambuca am Nachmittag

Über Batralzem, den aufgesetzten Schnaps der Kyllburger Waldeifel, wird noch an anderer Stelle zu reden sein. Mein erster Spaziergang in der neuen Heimat führte stattdessen in den Nebel eines anderen Getränks – italienischer Sambuca, serviert auf holländische Art.

Eigentlich hatte ich nur einmal rund um den Ort wandern wollen. Denn wer die Grenzen seines Reviers kennt, gewinnt an Überblick. Von Nord-Nord-Ost kommend, stößt die Kyll hier auf einen Bergrücken, der sie am direkten Weg gen Mosel hindert. Über die Jahrmillionen hat sie sich deshalb tief in den Sandstein gefräst und den Hügel mit einer beinahe kompletten Schleife umkurvt. Innerhalb der Schleife zurück blieb, annähernd in der Form eines Wassertropfens, der steile, schmale Grat, auf dem Kyllburg entstand.

Über die kleine Fußgängerbrücke am nordwestlichen Ortsausgang gelangte ich auf die andere Flussseite und nahm den links abzweigenden Waldweg außen um die Schleife herum. Die Aue ist hier dicht bewachsen. Keine grünen Wiesen, kein exakter Waldrand. Sondern ein

Dickicht aus Brennnesseln, Farn und anderen Feuchtpflanzen. Eine lebendig-ungebändigte Natur, Picknick macht an diesem Ufer niemand.

Alte Mauern im Steilhang, bemoost, zugewachsen und eingefallen, erinnern an eine baumlose Zeit. Früher wurde hier Hopfen angebaut. Irgendwann verlässt der Weg den Fluss und steigt den Hang hinauf. Der Wald wird bald zu dicht, als dass man noch aufs Wasser sehen könnte. Eine Lichtung tut sich erst in der Flusskehre auf. Hier steht man direkt über dem Eisenbahntunnel gen Wilsecker. »Im allgemeinen aber lag vor 1871 Kyllburg im Dornröschenschlaf, bis es gründlich geweckt wurde von dem schrillen Pfiff der Eifelbahn, welche 1871 dem Verkehr übergeben wurde und auch Kyllburg eine Station bescherte. Mit Staunen und Verwunderung schauten die Fahrgäste auf der Fahrt durchs Kylltal herrliche Täler, wildromantische Schluchten, liebliche Wiesen; und was sie nicht sahen, das war das, was die Vettern und Basen draußen so arg viel Gruseliches von der so verkannten, weil unbekannten Eifel zu salbadern wußten. Von jetzt an ging es aufwärts mit dem Fremdenverkehr in der Eifel, besonders in Kyllburg«, schrieb der Hauptlehrer Heinrich Gueth im Eifelvereinsblatt von 1924.

Knapp jenseits des Schwimmbads senkt sich der Pfad zum Campingplatz hinunter. Als ich aus dem Wald trat, blendete mich das Sonnenlicht. Ich legte eine Hand an die Stirn und hielt einen Moment inne, um das Panorama zu sondieren. Dauercamper säumten die Ebene. Ihre haushohen *Hymer* schmiegten sich an die Wände des auch hier steil aufragenden Hanges, während die nicht minder großen Vorzelte zum Ufer hin zielten. Die vorherrschende Sprache war Holländisch. Schon um 1900, mit dem einsetzenden Eifeltourismus also, zählte Kyllburg alljährlich mehrere hundert holländische Touristen. Die Oranje-Herrlichkeit ging so weit, dass man den Gästen am Geburtstag ihrer Königin einen Fackelzug durch den Hahn, den Hauswald, gestattete. Dazu spielte die Kapelle eines Infanterieregiments auf. Man wüsste gern, welche Lieder dort gesungen wurden.

Länger als eine dreiviertel Stunde hatte meine Wanderung sicher nicht gedauert. Aber lange genug immerhin, um mich durstig zu machen. Das Camping-Restaurant wirkte sympathisch: ein eingeschossiger, improvisiert wirkender Holzbau mit einem kleinen Biergarten davor.

Während ich auf den Eingang zuschritt, passierte ich zwei großgewachsene Mannen, die über die Zubereitung von Spanferkeln diskutierten:

»De huid moet lekker knapperig zijn.«

»Ik vind het achterwerk het lekkerste.«

»Aan het achterwerk heb je meer dan genoeg. Maar heb je ooit een hap genomen uit zo'n knapperig stukje oor von een speenvarken?«

Aus der offenen Tür drang Musik: *Radar Love* von Golden Earring. Holländische Band, klar. Pussycat und Mouth & McNeal sollten folgen. Ich nahm die paar Stufen hoch zur Tür und entdeckte als Erstes die Gitarre hinten links an der Wand: eine leider aussterbende Sitte, seinen Gästen ein Instrument bereitzuhalten. Der Laden war fast leer zu dieser frühen Stunde, und so konnte ich unter den Hockern an der Bar frei wählen. Rechts und links vom Küchendurchgang buhlten zwei Riesenpullen Baccardi und Captain Morgan um Aufmerksamkeit, analog zu den an gegenüberliegenden Wänden befestigten Ausstopftierchen. Während der Marder die Zähne fletschte, ruhte das Eichhörnchen friedlich in sich selbst. An seinem Tisch vorn am Fenster saß der Wirt und unterschrieb die Papiere des Bierkutschers. Der Koch des Etablissements daddelte eine Runde am Automaten. Als das erste Pils vor mir stand, lag das plauderselige Lächeln des Neubürgers auf meinem Gesicht. Der Spaziergang hatte mir gutgetan, dieses Bier würde mir guttun, alles war gut.

* * *

Ich weiß nicht mehr, wie das Gespräch mit den beiden zustande kam. Typisches Kneipengerede vermutlich: Bier schön kalt, viel zu heiß draußen, was haben wir ein Glück, hier im Schatten zu sitzen. Jedenfalls stand auf dem Tisch vorn am Fenster eine Flasche Sambuca. Und mit dem zweiten Bitburger bekam ich dann auch ein Gläschen vorgesetzt.

»Trinkst du einen mit?«
»Du trinkst einen mit!«

Irgendwann mag dieser klare, zähflüssige Likör ein Hit gewesen sein. In Italien erzählt man sich, die drei Kaffeebohnen stünden für drei Fliegen, die sich immer wieder auf den Sambuca einer alten Dame gesetzt hätten. Damit sie im Magen – beziehungsweise in der Leber – nicht weiterflögen, kam irgendwer auf die Idee, das Zeug samt den Tierchen vorher zu flambieren. Nun ja, immerhin verliert es dabei einen Teil seiner 40 bru-

talen Umdrehungen. Und die zerkauten Bohnen korrigieren die klebrige Süße des Likörs ein wenig. Auf dem Kyllburger Campingplatz jedoch trank man Sambuca ...
- pur
- unverbrannt
- koffeinfrei
- ungekühlt und, wie ich in den nächsten Stunden lernen sollte,
- in rauen Mengen.

Mit dem zweiten Schnaps wechselte ich vom Barhocker an den Stammtisch. Der Koch hatte früher den Kyllburger Verkehrsverein geleitet. Seit seiner Pensionierung frönte er nun im Campingrestaurant seinem Hobby. Der Wirt wiederum, Holländer wie seine Gäste, schien eine sehr körperbetonte Militärlaufbahn hinter sich zu haben. Ganz klug wurde ich aus seinem gebrochenen Deutsch nicht. Seit einigen Jahren jedenfalls hielt er gemeinsam mit seiner Frau den gepachteten Campingplatz in Schuss. Regelmäßig ärgerte er sich über die Kyllburger, die all seinen Modernisierungsideen mit der eisernen Sturheit des eingeborenen Besserwissers begegneten. Zum Glück gab es Sambuca und Menschen wie den Koch und mich, die zu einem guten Tropfen nicht nein sagten.

Als ich, den dritten Sambuca vor mir, auf die Uhr sah, hatte der kleine Zeiger soeben die Vier erreicht. Unwillkürlich blickte ich nach draußen. Für einen Moment war ich irritiert, weil hinterm Fenster die Sonne schien. Aber ja, sagte ich mir dann, es ist vier Uhr nachmittags, nicht mitten in der Nacht. Nach dem fünften Shot klebten nicht nur meine Finger, sondern längst auch mein Hirn. Der siebte beförderte mich in jene federleichte Parallelwelt, die sich nur den Trinkern des helllichten Tages auftut. Fusel zwischen Fluss und Felsen: Wir waren eine verschworene Gemeinschaft, ein dionysisches Dreigestirn. In den nächsten Stunden wurde Sambuca – wie hatte ich ihn je verschmähen können – mein konkurrenzloses Lieblingsgetränk. Und der Wirt und der Koch wurden meine besten Freunde. Menschen, mit denen man lachen und weinen und zwischendurch auch mal ein anständiges Gespräch führen konnte:

»So ein Sambuca geht doch runter wie Wasser.«

»Eher wie Uhu, find ich.«

»Wie ein Uhu?«

»U-hm, ja.«

»Wusstest du, dass Spanferkel sechs Stunden brauchen, bis sie durch sind?«

»Ich nur zwei.«

»Klar, mit Sambuca geht alles schneller.«

In guten Kneipen habe ich mich schon immer wie Pinocchio im Bauch des Wals gefühlt. Ein Pinocchio, den man sich als glücklichen Menschen vorstellen muss: der Welt entrückt, ohne Ziel, im Abgedunkelten. »Am schönsten lebt sich's frei von Pflicht/Hackedicht im Schummerlicht«, wie irgendein Kneipenphilosoph mal schrieb. Gegen sieben, als die Sonne hinter dem Stiftsberg verschwand, konnte ich nicht mehr stehen, geschweige denn gehen. Auch mit dem Sehen war es schwierig geworden, der Sambuca hatte sich wie ein Schmierfilm auf meine Augen gelegt. Besonders heroisch kann ich nicht mehr ausgesehen haben zu jener Stund.

Zum Glück war der Koch mit dem Auto da: »Ich trinke zum Schnaps ja nur Viez statt Bier, klar kann ich noch fahr'n.«

Irgendwie bugsierte er mich in seinen Wagen, diesen den steilen Hügel vom Campingplatz hoch zur Bademer und wieder runter zur Kyllbrücke. Dass wir dort noch einmal anhielten, erfuhr ich erst Wochen später. Ein anderer Schuppen, die *Brückenschänke,* hatte meine trunkene Gier geweckt. Der Koch behauptet bis heute, ich hätte etwas von »unwiderstehlichem Durst« gemurmelt.

Also enterten wir den Laden und tranken ein weiteres Bier.

Und dann noch eins.

Warum? Mit einer Kaffeebohne könne man nicht jonglieren, soll ich gesagt haben. Pah!

Bernd, der Bankdrücker

Um die Gemengelage zwischen Freund und Fremdem weiter auszuloten, entschloss ich mich zu einem Experiment. Einen Tag lang wollte ich Kyllburgs seltsamste Errungenschaft ausprobieren, die Mitfahrbänke. Gedacht waren die beiden Exemplare eigentlich für den Transport fußkranker Mitbürger. Vom Zentrum auf die Höhen von Überbrück geht es zunächst hinunter zum Fluss und dann wieder steil bergan. Der dort liegende Discounter ist für alte Mütterchen praktisch unerreichbar. Es sei denn, ihr Rollator verwandelte sich in einen Segway mit ordentlich PS. Um ihnen stattdessen zu einem Lift zu verhelfen, stellte man zwei orange markierte Holzbänke auf – eine vor das leerstehende Papiergeschäft Atzorn an der Hoch-/Ecke Bahnhofstraße, die andere vor den *Lidl*.

»Trampen für Senioren« heißt also das Stichwort. Nur dass die Tour eben nicht nach Berlin, Paris oder an die Algarve führen soll, sondern zur Post, zum nächsten Supermarkt oder Arzt. Die Mitfahrbank ist ein echtes Kind der Eifel. Erfunden wurde sie in Speicher, ein paar Kilometer flussabwärts von Kyllburg. Ursula Berrens vom Caritasverband Westeifel hatte nach Standorten für neue Rentnerbänkchen gesucht. Und dabei kam ihr en passant der Gedanke, hier auch direkt für Mitfahrgelegenheiten zu sorgen. Im August 2014 ging das Projekt an den Start. Seitdem wurde es vor allem in ländlichen Gegenden mit schwach ausgeprägtem ÖPNV mehrfach kopiert.

Eigentlich klingt das Ganze genauso innova- wie karitativ. Nur: Niemand hat je auf den Kyllburger Bänkchen gesessen. Die hilfsbedürftigen Dörfler ließen sich weiter von ihren Kindern chauffieren. Oder sie kauften ihre Lebensmittel beim rollenden Supermarkt, der regelmäßig durch die Straßen bimmelt. Zur nächsten Karnevalssitzung wurde die Bank demontiert. Als Requisit auf der Bühne zog sie sich den Spott der Redner zu, bevor sie wieder verödet an ihrem Platz stand. Irgendwann kam jemand auf die Idee, dort wenigstens eine Puppe zu platzieren. *Hope* stand auf ihrem Bauch, und die Hoffnung stirbt bekanntlich zuletzt. Um sie zu befeuern, schmiedete ich meinen Plan: Ich halte mich an die alten Öffnungszeiten meiner Jugend und fahre zwischen 8.30 und 13 sowie 14.30 und 18.30 Uhr so oft wie möglich von Atzorn zum *Lidl* und zurück. Mit jedem, der mich mitnimmt, führe ich ein kleines Gespräch. Und spätestens am Abend ist die Mitfahrbank in aller Munde.

* * *

Halb neun an einem Mittwoch. Ich hatte mein selbstgebasteltes Klappschild (*Mitfahrbank – Zum Lidl bitte!*) aufgestellt und neben Hope platzgenommen. Gleich der erste Wagen hielt an. Klasse, dachte ich, du hättest gar keine Angst zu haben brauchen, dass die Sache in die Hose geht. Aber der ältere Herr, der sich da aus dem Fahrersitz hievte, hatte anderes im Sinn. Der geleitete nur seine nicht minder hochbetagte Gattin zur Fußpflege. Mein Schild las er wohl, schüttelte aber nur ungläubig den Kopf. »Für dich tue ich das hier, Alterchen, nun sei mal nicht so«, wollte ich ihm in sein Hörgerät raunen.

Als Zweiter stoppte ein Mofaroller vor Hope und mir. Der Mann grinste und wies mit dem behelmten Kinn hinter sich: »Ich darf leider keinen Sozius mitnehmen«, sagte er ins ohrenbetäubende Rängdedäng seines Zweitakters hinein. Neben der Straßenverkehrsordnung hätte meinem Anliegen jedoch auch seine Leibesfülle im Weg gestanden. Um Viertel vor neun schließlich ging es los. Marco war Hausmeister im *Eifeler Hof* und musste nach Metternich. »Dass das eine Mitfahrbank ist, höre ich zum ersten Mal«, sagte er. Keine drei Minuten später standen wir schon vorm Supermarkt auf der anderen Kyllseite. Als ich ausstieg, offenbarte sich mir das zweite Problem nach der Gewitterwarnung von heute Morgen: Die *Lidl*-Bank lag auf der falschen Seite der Parkplatzausfahrt. Wer nach dem Einkauf gen Kyllburg abbog, sah mich überhaupt nicht!

Dementsprechend mühselig wurde es, einen Lift zurück zu bekommen. Dreißig Minuten lang zeichnete ich Strichmännchen und beobachtete, wie sich der Himmel immer weiter zuzog. Weder hatte ich einen Schirm eingepackt, noch war jene Bank überdacht. Nach und nach sickerte die Erkenntnis durch, dass die Eifel halt eine schwach besiedelte Gegend mit dementsprechendem Autoverkehr ist. Über die gesamte Zeit waren lediglich zwei Transporter mit Malochern an mir vorbeigerauscht. Früher, als man noch per Anhalter fuhr, gab es Tricks. Der simpelste und zugleich dreisteste bestand darin, die Freundin an den Straßenrand zu stellen. Sobald ein alter Hagestolz mit seinem polierten Opel Kadett oder Ford Taunus vor ihr anhielt, preschte man dann mit den dicken Rucksäcken aus dem Gebüsch und setzte sich dazu. An jenem Tag jedoch war da nur ich, mit meinem klapprigen Pappelschild und dem Notizblock. Auch Hope, drüben in Kyllburg, sollte mir wohl keine große Hilfe sein.

Als schließlich doch noch ein Wagen anhielt, saß eine Mitinitiatorin der Kyllburger Mifahrbänke darin. Auf Astrid, die Tierärztin, folgten Cornelia, die Näherin, und Siggi, der Dachdecker. Ihn kannte ich aus der Brückenschänke, ein leidenschaftlicher Würfler. Als mich, kaum dass ich wieder die Bank drückte, der alte Herbert einlud, beschloss ich, die Sache nun gelassener anzugehen. Mein Projekt hatte Fahrt aufgenommen, ganz im eigentlichen Sinne des Wortes.

»Ich hätte Sie sogar mitgenommen, wenn Sie eine andere Hautfarbe hätten«, sagte Herbert stolz. »Nur Säufer kommen mir nicht ins Auto, die durchnässen mir womöglich die Polster.«

Herbert war Zugezogener, er lebte seit 1974 hier. »Erst«, wie er hinzufügte. Den Mitfahrbänken stand er durchaus kritisch gegenüber: »Nachher gewöhnen sich die alten Leute noch daran, überall umsonst herumkutschiert zu werden. Die sollen lieber ihrem Nachbarn 50 Cent für die Fahrt geben.«

Herbert mochte ein fürchterlicher Spießer sein, aber er hatte durchaus Phantasie. Vor meinen Augen erschien eine strunzbesoffene, dunkelhäutige Greisin, die ihren Nachbarn geizig ignoriert und ihrer Inkontinenz stattdessen in Herberts Benz freien Lauf lässt. Ich war dann froh, als ich aussteigen konnte.

11.26 Uhr, wieder saß ich vor Atzorn. Im Schaufenster waren alte Fotos ausgestellt: Arbeiter im Buntsandsteinbruch, die Verlegung der ersten Wasserleitung an der Bahnhofstraße, das kriegszerstörte Kyllburg 1945. Wie so viele andere Läden steht auch dieser hier seit Jahren leer. Vom Fluss her kam ein holländisches Pärchen hochspaziert. Vor allem die Frau fand die Idee der Mitfahrbänke ganz großartig. So etwas wolle sie in ihrem holländischen Dorf auch initiieren, sagte sie. Hinter einem Fenster gegenüber drehte jemand die Anlage auf: *Bonnie & Clyde* von den Toten Hosen, es hätte schlimmer kommen können. Christian, Chef der Alten Post, sagte mir: »Die Refugies« – so nennt man die hier untergebrachten Flüchtlinge – »nehme ich häufiger mit.« Zuvor hatte mir schon der Bürgermeister während einer Tour erzählt, dass die Refugies wahrscheinlich die Einzigen seien, die die Bänke regelmäßig nutzten. Ein Auto hat keiner von ihnen, und der Überbrück-Discounter ist billiger als der Qualitätsmarkt im Ort. Auch wenn Herbert knödelte: »Wer bewusst einkauft, für den wird's auch im *Edeka* nicht teurer.«

Die Stunden strichen dahin, ich pendelte von Station zu Station wie ein Busfahrer. Mein Müßiggang erinnerte mich an die Greisin im Fenster, auf ihr Kissen gestützt. Oder an die alten Jungs auf der Mauer an der

Dorflinde. Ich saß auf meinen beiden Bänken, ließ das Leben an mir vorbeifließen und schwamm hin und wieder ein Stückchen mit: im Auto von Michael, dem Architekten, den Elektrikern Angelo und Marco oder bei Victoria, die in Badem ihre Nichte abholen wollte. »Vorhin saß ich noch neben meinem Vater und habe den ausgeschimpft, weil er Sie nicht mitgenommen hat«, sagte sie. »Finde ich selbstverständlich, das ist doch eine Mitfahrerbank!«

Wäre ich der Bürgermeister, mit Victoria würde ich einen Werbespot drehen.

* * *

Das angesagte Unwetter stand nun unmittelbar bevor. Natürlich saß ich auf der elenden *Lidl*-Bank, auf der falschen Seite der Einfahrt. Ich faltete die Zeitung zusammen. In Dreis hatten sich die rheinland-pfälzischen Finanzbeamten zum Sportturnier getroffen. Unter anderem standen Schach und Beachvolleyball auf dem Programm. Oberkail versammelte sich zum Open Air »Sonnentanz«. Und die Freiwillige Feuerwehr Kyllburg feierte die Einweihung eines neuen Tanklöschfahrzeugs.

Immer heftiger wehte der Wind. Mein Aufsteller bestand aus vier Millimeter dünnem Pappelholz. Eine weitere Böe brachte ihn zum Tänzeln, zum Hüpfen, und dann flog er quer über die Straße auf die Grundschule zu. Ich sammelte das blöde Teil ein und überdachte meine Situation. Es war zehn nach fünf. Die ersten Tropfen fielen, aber ich beschloss, die Stellung so lange wie möglich zu halten. Kunst kommt nicht von Kuscheln. Ab sofort bestand mein Job darin, weiterhin jeden Wagenführer freundlich anzublicken und zugleich das Pappelschild mit den Beinen am Abheben zu hindern. Nach kaum fünf Minuten wusste ich, dass dies auf keinerlei bequeme Art zu bewerkstelligen ist. Meine Oberschenkel verkrampften. Gerade war der Trecker von heute Morgen noch einmal vorbeigefahren. Der Blick des Bauern sprach Bände: Der Faulpelz wartet da seit acht Stunden auf ein Auto, anstatt die zwei Kilometer nach Kyllburg zu Fuß zu gehen. Mit meinem Elan schien auch der meiner potenziellen Beförderer zu erlahmen. Aber vielleicht wollte unter diesem düstergrauen Himmel auch nur jeder so schnell wie möglich nach Hause. Als es schließlich zu kübeln begann, flüchtete ich mich ins Café des Supermarktes.

Auch in der Eifel hatte mittlerweile der Feierabendverkehr begonnen. Durch die regenverschleierte Scheibe sah ich ein Auto nach dem anderen vorbeirauschen. Dutzende Chancen, die mir entgingen. Es hat etwas Demütigendes, in einem Supermarkt Unterschlupf vorm Wetter zu suchen. Um nicht völlig tatenlos herumzustehen, kaufte ich mir ein Brot, eine Milch und einen Kohlrabi. Warum auch immer. Danach, mit meinem kleinen Karton in der Hand, ging es mir tatsächlich besser. Du hast hier etwas zu tun, sagte ich mir. Als schwer bepackter Einkäufer kommst du dem Sinn und Zweck einer Mitfahrbank noch mal ein ganzes Stück näher. Sobald dieses Unwetter nachlässt, begibst du dich zurück auf Los!

Aber dann brach jäh die Sonne durch. Der Parkplatz dampfte wie die benebelte Bühne eines Rockkonzerts.

Um mich herum strömten die Menschen zu ihren Autos. Ich leerte den Liter Milch und merkte dabei, dass ich seit dem Mittag nichts getrunken hatte. Was hatte mir zwischendurch jene Cornelia erzählt, die ihre Tochter vom Sport abholte? – In Kyllburg hätten die Geschäfte früher schon um 17 Uhr geschlossen. Diesen Faden griff ich gern auf, damit war ich bereits in der Nachspielzeit. 21 Mal hatte ich mich seit dem Morgen über den Fluss fahren lassen. Ich hatte bei halb Kyllburg im Auto gesessen, Hope bei jedem Wiedersehen die Hand geschüttelt und ein ums andere Mal die Fehlplanung am *Lidl* verflucht. Jetzt aber reichte es mit der Bankdrückerei.

Den letzten Gang mache ich in meinen Stiefeln, sagte ich mir mit tiefer Stimme. Sollte mich jemand mitnehmen wollen, werde ich ablehnen. Und drüben angekommen, schenke ich Hope mein Schild – damit sich ab und zu jemand neben sie setzt.

»Gute Arbeit, Junge!«

Das Haus gehörte uns unterdessen noch immer nicht richtig. Notariate und Behörden kommunizieren auf eine, nun ja, sehr gemütliche Art. Aber der Vertrag war unterschrieben, unser Geld bereit, jederzeit das Konto zu wechseln. Und zwei Schlüssel, stählerne Insignien unseres baldigen Hausbesitzertums, hielten wir auch bereits in Händen. Also beschlossen wir, die Renovierung nicht länger aufzuschieben. Ein erster, kleiner Schritt hin zum Traumheim wollte gegangen werden. Und wir wussten auch, wo er uns hinführen würde. Direkt hinter der Haustür, im Flur, lag ein farbloser Teppich, der seine besten Jahre lange hinter sich hatte. Ein entschlossenes Lupfen an einer der Ecken offenbarte, dass er auf eine Schicht PVC geklebt worden war. Unter dieser wiederum, freigelegt durch ein noch einmal gesteigertes Anreißen, schienen schöne alte Kacheln zu liegen. Gelbe Kacheln mit roten und rote mit gelben Einschlüssen bildeten dort offenbar ein Karomuster, das an den Rändern von rein roten Quadraten eingefasst wurde. Vor uns lag eine archäologische Expedition, zurück zum Ursprung dieses rund sechs Meter langen Hausflurs. Hätte ich gewusst, wie anstrengend sie werden würde, ich hätte eine Krankheit vorgetäuscht und die Kinder allein machen lassen.

* * *

Früher zog man in den Fluren deutscher Häuser die Schuhe aus. Tante Christel zeigte ihre neuen Nylons her, und Onkel Hermann hatte Gelegenheit, seine vom jahrzehntelangen Stehen an der Werkbank geschundenen Füße zu lüften. Die Hacken und Zehenspitzen seiner Socken mögen gestopft gewesen sein; aber der Teppich im Wohnzimmer wurde verschont von Straßendreck und nägelbeschlagenen Absätzen. Denn die blieben im gefliesten Flur.

Irgendwann in den 1960ern jedoch verloren Kacheln – genau wie Holzdielen – plötzlich das ästhetische Vertrauen der Bundesbürger. Und was einmal als unchic gilt, gerät schnell auch anderweitig in die Kritik. Bodenfliesen, nein, die sind zu kühl für den unbeschuhten Menschen. Da holt man sich doch, eh man sich's versieht, den Pips! Lässt du die Schuhe hingegen an: Welch ein Krach! Dieses Geklacker, wo doch nachbarschaftliche Ruhe das oberste Gebot der Mietskaserne ist.

Du sollst nicht töten! Klar.

Aber solltest du mit schweren Schuhen über deinen Flur stampfen: Dann töte ich dich. Niemand wird mich deswegen belangen.

Und deshalb verschwanden wunderschöne Kiefern-, Eichen- und Natursteinböden im Laufe der Jahrzehnte unter immer wieder neuen, hässlichen Bodenbelägen.

Die erste Schlacht hatte ab Ende des 19. Jahrhunderts das Linoleum geschlagen. In den 1960ern jedoch wurde es vom PVC verdrängt. Linoleum ist ein Naturprodukt, das zu größten Teilen aus Leinöl, Naturharzen, Holzmehl und Jute besteht. Um das Material vor Dreck zu schützen, muss es *gebohnert* werden – schon das Wort ist heutzutage kaum jemandem mehr geläufig. Polyvinylchlorid hingegen wird komplett künstlich produziert, und seine Eigenschaften sind unschlagbar: Es ist trittfest, es verfärbt sich nicht, und Dreck kann rückstandslos entfernt werden.

Nun gilt all das zwar auch für Kacheln; aber die hatte eben jeder. PVC war das neue Ding. Geld war im Wirtschaftswunderland der Nachkriegszeit ausreichend vorhanden, also her mit dem Stoff! Und damit der auch schön flach auslag, damit der ja nie Wellen schlug oder verrutschte, kämmte man vorher eine ordentliche Lage Zementkleber auf die Kacheln.

Hausböden entwickelten sich zu Sandwiches mit diversen Lagen: Fliesen oder Dielen bildeten die Basis, Kleber und PVC die Frikadelle. Eine weitere Schicht Kleberketchup fixierte danach die graubraune, herrlich fußwarme Auslegware, die sodann der ein oder andere womöglich selbstgeknüpfte Läufer farblich auflockerte. Und wenn der durch war, griff man zur wiederum neuesten Allzweckwaffe, die alles bisher Dagewesene an Belastungsfähigkeit toppte: Laminat, ausgeführt als Buchenholzimitat.

Lange ging das gut, und es hätte so weitergehen können. Schicht für Schicht bis unter die Decke. Aber dann kamen Leute wie wir, Leute mit einem tief verwurzelten Öko- und Nostalgiefimmel.

Und die wollten wieder an die alten Kacheln ran.

* * *

Sucht man im Internet, bekommt man verschiedene Tipps. Gegen Zementkleber, so liest man da, helfe kochendes Wasser als Einweichmittel (grober Unfug übrigens). Wer die chemische Keule bevorzugt, solle dem Material mit Terpentin oder Essigkonzentrat zu Leibe rücken. Professionelle Schleifmaschinen seien ohnehin ein Erfolgsgarant, und je nachdem könne auch ein im Baumarkt auszuleihender Dampf-Tapetenlöser zum Ziel führen. Abgeraten wird jedoch unisono von der herkömmliche Methode. Ein Angriff mit Spachtel, Hammer und Meißel gilt von *dashandwerk.info* über *heimwerker-tipps.net* bis zu *frag-mutti.de* als Neandertaler-Taktik. Da stehe eine »ganz üble Knochenarbeit« in Aussicht, deren Ergebnis niemand voraussagen könne.

Aber es geht natürlich nichts über Erfahrungen, die man selber gemacht hat. Also riss ich jene Ecke an, die wir bereits vorhin ein wenig gelüftet hatten, um zunächst das hiesige Schichtensystem zu prüfen. Der Kleber klebte, der PVC-Belag war hart und steif wie eine Stahlplatte. Nach zwanzig abgelösten Zentimetern wusste von uns vieren niemand mehr, wo er stehen und anpacken soll. Nur noch quadratzentimeterweise ging es vorwärts, die Verschnaufpausen wurden länger. Wir zählten bis drei, um dann ruckartig gemeinsam zu ziehen. Aber irgendwer startete immer zu früh oder zu spät, so konnte das nichts werden.

Die Kinder halfen nur noch mit, weil man es ihnen eindringlich nahegelegt hatte. Und weil man sie nach getaner Arbeit zum Essen einladen wollte: Pizza, Cola,

Eis, das volle Programm. Dass diese völlig versauten Kacheln schöner sein sollten als der PVC-Boden, leuchtete ihnen ohnehin nicht ein. Ihretwegen hätte man das alles so lassen können, aber gut: Wenn diese beiden Eltern genannten, hochroten, schwitzenden und manisch malochenden Alten es so wollen, kommt das Zeug halt runter.

Haarige Fasern blieben im Kleber hängen, wie Büschel von seltsamen, fahlgelben Tieren, deren komplettes Äußeres man gar nicht kennen wollte. An einigen Stellen hatten sich Belag und Kleber so innig miteinander vermengt, dass sie wie galvanisiert wirkten. Explosionsartig platzte das PVC dort vom Boden weg und entließ dabei kleine Rauchwolken in die Luft. Dass die alten Kleber gern Asbest enthalten, las ich erst später.

Als der Belag endlich aufgerollt im Keller lag, begann die eigentliche Arbeit: das Entfernen des Kitts. Ich setzte meinen schmalsten Spachtel an und legte an einer Ecke los. Und siehe da: Der steinharte Zementkleber sprang und hopste von den Fliesen wie Popcorn in der Pfanne. Als hätte er die letzten fünfzig Jahre nur darauf gewartet, von einem tatkräftigen Neandertaler wie mir befreit zu werden. Ich jubilierte innerlich, bereit, mich weiter vorzukämpfen. Aber die Freude war nicht von Dauer, und mein Mut sank schnell in die Hose. An den Rändern, ja: Da reagierte der Kleber auf die harten Spachtelstöße, da legten wir ein paar Kachelhälften frei. Zur Mitte hin jedoch schienen die abertausenden Tritte ihre Wirkung gezeigt zu haben. Das Zeug schient festgetreten für die Ewigkeit. Kein Spachtel der Welt dringt hier durch, es ist, als kratzte man mit einer Zahnbürste auf Granit herum.

Ich ertappte mich dabei, wie ich nach einer Abwechslung gierte, nach einer Erlösung. Vielleicht sollten wir schwimmen gehen, hinten im Waldbad. Einmal die große Rutsche runter und dann ein Bier mit dem Bademeister. Oder wir spazieren bergab zum Kebab-Türken, der macht einen guten Döner und hat eine grandiose Aussichtsterrasse.

»Wie gefalle ich dir?«, fragte die liebe Sonne.

Aber hieß Futtern nicht auch Spachteln?

Und was hatte das mit dem elenden Ding in meiner Hand zu tun?

War da nicht was?

* * *

Es ist ein paar Jahre her, dass meine Frau und ich eine Wohnung in einem Kölner Arbeiterviertel namens Kalk bezogen. Ich strich gerade einen Fensterrahmen, als mich von der Straße her zwei junge Männer ansprachen. In einem amerikanisch gefärbten Englisch wollten sie wissen, ob wir Hilfe gebrauchen könnten. Neugier und Hoffnung siegten über das anfängliche Misstrauen. Und kurz darauf standen sie vor uns, die beiden Mormonen. Sie krempelten die Ärmel hoch und fingen an zu arbeiten. Ihr Glaube schreibe ihnen vor, zwei Jahre auf Wanderschaft zu gehen und Gutes zu tun. Fein, sagten wir, dazu habt ihr hier jede Menge Gelegenheit. Die Jungs aus Utah erinnerten mich an die Kölner Heinzelmännchen, jene legendären Kobolde, die den faulen Bürgern des Nachts die liegen gebliebenen Arbeiten erledigten. Auch die Mormonen sprachen nicht viel. Das

Einzige, was sie als Dank akzeptierten, waren ein paar Butterbrote. Nach zwei Wochen war die Arbeit erledigt. Die beiden Amerikaner drückten uns ein Exemplar des Buches Mormon in die Hand, in dem sie die Messezeiten ihres Kölner Bethauses notiert hatten. Dann verabschiedeten sie sich und gingen ihres Wegs. Wir sahen uns nie wieder. Aber ihr Buch steht bis heute im Regal.

Ein Haus zu renovieren, ist kein permanenter Spaß, so viel hatte ich inzwischen verstanden. Diesmal standen uns weder Heinzelmännchen noch Mormonen zur Seite. Nur zwei nicht gerade übermotivierte Kinder. Ich legte den stumpfen Spachtel beiseite und griff zu Handmeißel und Hammer.

Tatsächlich errang dieses Team ein paar schöne Anfangserfolge. Ein meißelbreiter Streifen Zementkleber schälte sich von einer rot-gelb gekrüsselten Kachel. Und gleich danach noch einer. Und noch ein halber. Aber dann begann auch schon die Schlaghand zu erlahmen, der schwere Fäustel forderte seinen Tribut. Meine Lunge pumpte wie die Bassmembran einer AC/DC-Box. Und der von der Stirn tropfende Schweiß füllte zwei traurige kleine Schneisen im Zementklebermeer.

Meine Aktionen endeten immer kläglicher. Zu flach angesetzt, glitschte der Meißel über die Oberfläche wie ein Curlingstein. Jeder Schlag auf das zu steil ausgerichtete Werkzeug ließ zwar den Boden erbeben, tätowierte aber höchstens einen Strich in den Untergrund. Irgendwann setzte sich die Erkenntnis durch: Einen Königsweg gab es hier nicht.

Während ich mich mit Hammer und Meißel von der Haustür her vorwärtskämpfte, griff meine Frau den

Feind mit einem Schraubenzieher an. Sohn Jacob hatte sich aus lauter Verzweiflung über sein labbriges Werkzeug längst eine Holzfeile geschnappt, die jenen Tag nicht überleben sollte . Mit irrem Blick hackte er auf den grauen Grind ein und bejubelte jede Placke über vier Quadratmilimetern mit einem herausfordernden »Kuckt mal, so geht das!« Tochter Carlotta hingegen hatte beschlossen, uns nachzuarbeiten. Sie löste die kleinen, übriggebliebenen Flicken von den Fliesen und wischte mit einem feuchten Lappen nach. Die Flächen, die dabei freigelegt werden, waren steter Ansporn:

Schön, diese alten, so lange verborgenen Steine.
Lohnt sich doch, die elende Schufterei!
Wie viel haben wir eigentlich schon geschafft?
Ein Drittel? In viereinhalb Stunden?
Oh!

* * *

Zwei Tage später waren wir fertig. Das meiste Lehrgeld zahlt man nicht in Euro, sondern mit Nerven. Unsere absolut einzigartigen, blankgescheuerten Fliesen verliehen dem Flur eine archaische Atmosphäre. Am Nachmittag kamen dann meine Eltern zu Besuch. Als meine Muttern die Kacheln sah, ging ein Lächeln über ihr Gesicht: »Gute Arbeit, Junge. Und ich weiß natürlich, warum du das gemacht hast. Genau diese Kacheln lagen ja auch bei uns im Flur, als du klein warst. Also, bevor der Papa da das PVC draufgeklebt hat.«

Milch und Brötchen

Als kleiner Junge war ich Messdiener, und jeder Ausflug der Kirchengemeinde führte in die Eifel. Auch die Touren mit dem Tischtennisverein oder später das Thematische Wochenende mit den Gewaltfreien Anarchisten hatten nur ein Ziel: Stets landete man irgendwo zwischen Euskirchen und Trier, wo es nach Pilzen, Dung und feuchten Bierdeckeln roch.

Besonders gut in Erinnerung geblieben ist mir das Haus, das die Kölner Graswurzelrevolutionäre gemietet hatten. In dem Zimmer, das ich mir mit mehreren Genossen teilte, hingen vier Kruzifixe. An jeder Wand eins. Auch die anderen Schlafräume, der Flur und die Küche waren vollgestopft mit religiösen Insignien. Kreuze aller Art, weichgezeichnete Muttergottesbilder, Lourdesgrotten-Schneekugeln und himmelschreiend kitschige Engelsputten. Und dazwischen wir, die gottlosen Anarchisten aus der Großstadt, die Pläne für die Umwertung aller Werte schmiedeten.

Ich habe die Exponate damals gezählt und kam im ganzen Haus auf über hundert. Unsere Vermieter mögen einen kleinen Tick gehabt haben, aber überdurchschnittlich gläubig waren sie für diese Region sicher nicht. Die Eifel ist traditionell ein erzkatholischer Landstrich. 1828 betrug der Katholenanteil im Kreis Bitburg 99,9 Prozent. 1987 waren es immer noch 93,4. 1831 schrieb der Prümer Landrat Georg Bärsch: »Zu der geringen physischen und geistigen Kultur der Eifel trägt auch die Menge der Feyertage bei. Außer den gebotenen Feyertagen hat fast jedes Dorf noch seine besonderen Heiligen, denen es Feste feyert: St. Apollonia gegen Zahnschmerz, St. Odilia gegen Augenweh, St. Blasius gegen schlimme Hälse, St. Lambert gegen Epilepsie, St. Luzia gegen andere Krankheiten, St. Gertrudis Hülfe erbittet man zur Vertreibung der Mäuse, St. Wendelin soll das Vieh schützen.« Bärsch war Preuße und hier nur hinversetzt worden. Ein unangenehmer Kommisskopf offenbar, aber ganz unrecht hatte er sicherlich nicht. Denn Katholiken sind ihren Heiligen dankbar. Und sie feiern gern.

Früher (heute eigentlich auch noch, gebe ich zu) freute ich mich stets darauf, im *Kölner Stadt-Anzeiger* die Ergebnisse der Kommunalwahlen zu studieren. Je detaillierter sie aufgeführt waren, desto besser. Denn mir ging es um Spitzenwerte. Ich machte mir einen Sport daraus, aus dem Wust von Statistiken die höchsten Prozentzahlen zu filtern. In der Eifel wurden damals noch echte Rekorde aufgestellt, die an die manipulierten Wahlen im Realsozialismus erinnerten. Nur dass in Irrel, Dümpelfeld oder Eisenschmitt eben nicht die SED, sondern die CDU an den hundert Prozent kratzte.

Schon seit geraumer Zeit hatte ich darüber nachgedacht, wie ich mich auch dieser religiös-spirituellen Seite meiner neuen Heimat einmal intensiver widmen könnte. Der Besuch einer Sonntagsmesse in der altehrwürdigen Stiftskirche hatte zusätzlich angestachelt. Für ein knappes Stündchen war ich eingetaucht in das Weihebecken des eifelkatholischen Glaubens, dieser eigentümlichen Mischung aus Gottesfurcht und Heidentum, aus Frömmelei und Firlefanz, aus bigotter Unterwerfung und rheinischem Laissez-faire.

Die Lösung meines Problems kam mir dann in Form einer Broschüre des Erzbistums Trier unter. Und sie besagte: Du belegst diesen dort ausgeschriebenen viertägigen Exerzitienkurs im alten Kloster von St. Thomas.

Erster Tag

Donnerstag, 14.30 Uhr
St. Thomas liegt vier Kilometer nördlich von Kyllburg, von Köln aus kann ich also einfach eine Haltestelle früher aussteigen als sonst. Im Eifel-Express ergattere ich einen Platz in einer Vierer-Sitzgruppe. Statt anonym hintereinander wie im modernen Großraumwaggon sitzen wir uns also hier gegenüber, wie früher.

Als Kind habe ich Zugabteile immer gehasst. Aus welchem Grund auch immer mochte ich es nicht, wenn jemand den Titel meines Buches lesen konnte. Kaum noch haltbar jedoch wurde meine Situation, wenn es ans Naschen ging. Warum zum Teufel musste ich meine Chipstüte diesem gierig-giftigen Gör von gegenüber anbieten? Ich kannte die doch gar nicht! Und die hatte mir auch keins von den *Rolos* abgegeben, die sie immer heimlich in der Jackentasche aus der Verpackung pellte und sich dann hastig in den Mund stopfte. Zu Hause würde die zu denen gehören, die man beim Nachlaufen als Allerletzte fangen wollte. Und jetzt futtert die meine Chips weg, war klar, dass die nicht ablehnen würde. Lässt sich das Paprika der *Funny Frischs* nicht mal genüsslich auf der Zunge zergehen wie ich, sondern beißt und kaut und schlingt diese zarten Kartoffelscheibchen einfach so weg.

Tja, so war das. Ein bisschen schäme ich mich dafür, aber vermutlich erginge es mir heute noch genauso. Statt einem gefräßigen Mädchen sitze ich im Eifel-Express jedoch mit zwei Arbeitern im Blaumann in der Runde. Auch sie reden vom Essen:

»Das werdet ihr Wessis nie hinkriegen, vernünftige Würstchen«, sagt der eine und wedelt dabei mit seiner verschrumpelten Thüringer.

»Dann geh doch wieder nach drüben«, kontert sein Spannmann.

Der Zug fährt geradewegs gen Süden, mitten ins Mittelgebirge hinein. Mit jeder Haltestelle wird die Schneedecke dicker. Die Schuhprofile der Zusteigenden entlassen Geschmolzenes auf den Boden, Pfützen und kleine Rinnsale legen winterliche Aromen frei. Hinter den beschlagenen Scheiben liegen reinweiße Wiesen und Wälder, die in einen fahlgelben Himmel wachsen.

Rechts von mir, am Fenster, sitzt eine gräulich-blasse, sehr hagere Frau in ihren frühen Fünfzigern. Beinahe könnte man sie ausgezehrt nennen, läge da nicht dieser vitale Zug auf ihrem Gesicht. Über die kurze Distanz spüre ich ihre Aufmerksamkeit geradezu körperlich. Das Gefrotzel der Malocher entlockt ihr ein Schmunzeln, ein rasches Ausweichmanöver verhindert die Berührung mit dem übergeschlagenen Bein ihres Gegenübers. Den hinten im Gang auftauchenden Schaffner begrüßt sie schon von Weitem mit einem aufmunternden Lächeln, das ihm den trüben Tag für einen Moment erhellt. Das Buch in ihren Händen ist eine Biografie der heiligen Elisabeth von Thüringen.

Donnerstag, 16.30 Uhr
Mein Magen hat auf den letzten Bahnkilometern zu rumoren begonnen. Nun vor der Klosterpforte fühle ich mich, als stünde mir eine schwere Prüfung bevor. Kurz blitzen sogar lang vergessene Fluchtgedanken auf: Der Leiter ist jäh erkrankt, das Kloster ist einsturzgefährdet, es hat eine Bombendrohung gegeben, Gott ist tot.

Weil so etwas nie klappt, habe ich mir eine Taktik auferlegt: Ich will hier so unauffällig wie möglich bleiben. Aber schon mit dem Aufnahmegespräch ist mein Plan dahin: »Ah, der Fragezeichenkölner«, sagt die Verwalterin.

Sie erzählt mir, ich sei der einzige unter zwölf Teilnehmern, der seine Kursgebühr privat überwiesen hat. Die übrigen führen auf einer kirchlich-institutionellen Karte. Als Erzieherin im Jugendheim, Altenpfleger im kirchlichen Krankenhaus oder Teilzeitkraft in der Pfarrbücherei würden sie hier einen bezahlten Urlaub verbringen.

»Alle anderen sind schon da«, sagt die Verwalterin.

Donnerstag, 18 Uhr
Wie nennt man eigentlich einen Exerzitien-Teilnehmer? Exerzitier? Exerzitient? Exerzitionist?

Meine erste Teufelsaustreibung erlebe ich zum Auftakt des gemeinsamen Abendbrots. Pünktlich habe ich mich eingefunden in diesem archaischen Speiseraum mit seinen endlos hohen Decken. Gemeinsam mit den anderen schlendere ich zu den Tischen und nehme umstandslos Platz. Jetzt wird ein bisschen höflich palavert, sage ich mir, und dann geht's schnurstracks ans Büfett. Zwar tue ich gelassen, aber die Wahrheit ist: Ich habe seit zehn Stunden nichts gegessen. Mein Magen hängt eher in den Socken als den Kniekehlen.

Aber irgendetwas läuft hier falsch. Ich sitze komfortabel, imaginiere eine doppelte Leberwurstwacke in meiner rechten Faust und bin gleichzeitig irritiert. Ein Blick ins Rund klärt mich auf: Ich bin der Einzige an diesem Tisch. Alle anderen stehen hinter ihren Stühlen, die Hände streng vor der Brust oder zumindest lose vor dem Schoß gefaltet.

Heilige Einfalt!

Bleibt mir also nur, meinen Schemel wieder zurückschieben. Das nachhallende Kratzgeräusch, das die Holzbeine auf den Fliesen erzeugen, ist peinigend. Einige meiner Mitexerzienten blicken betreten weg, andere mich strafend an. Nur Else, die Frau aus dem Zug, lächelt amüsiert.

Schließlich stehe auch ich gottesfürchtig hinter meinem Stuhl. Der Kursleiter schickt mir ein aufmunterndes Kopfnicken: Hast du prima gemacht, Fragezeichenkölner! Mit einem kurzen Augenkontakt verständigen sich die Profis darüber, welches Gebet zu sprechen, welches Lied zu singen ist. Weil alle mit einstimmen, bewege auch ich die Lippen so synchron wie möglich.

Donnerstag, 18.15 Uhr
Else, die Frau aus dem Zug, hat sich neben mich gesetzt. Mir gegenüber thront der L., wie ich ihn nennen werde: unser Kursleiter. L. ist ein freundlicher, verheirateter Hilfspfarrer mit einem weichen, durchaus auch ein wenig schwammigen Profil. Er spricht so sanft, als räucherte er seine Stimmbänder allabendlich in Weihrauch. In den folgenden drei Tagen wird er kein Wort ohne ein begleitendes Lächeln von sich geben. Und heute, zur Einführung, erklärt er uns lächelnd: »Wir wollen es in diesem Kurs ein wenig lockerer nehmen. Sie dürfen reden beim Essen.«

Else scheint diesen Hinweis sehr zu begrüßen. Über ihren Teller mit Quark und gescheibten Gewürzgürkchen gebeugt, erzählt sie mir, sie sei ausgesprochen exerzitienerfahren. Sie sei schon in vielen verschiedenen Klöstern gewesen, sagt sie, und »jetzt endlich einmal wieder hier in St. Thomas.« Auch habe sie in ihrem Leben bereits alle Arten von Kursen ausprobiert. Und sie wisse inzwischen, dass es ihr doch sehr auf den mündlichen Austausch ankomme. »Letztes Jahr, die Schweigeexerzitien in Bayern, das war nichts für mich.«

Am Kopfende des Tisches schließlich hat Bruno Platz genommen, ein Koloss von einem Mann. In den Kragen seines orangefarbenen Nickipullovers hat er sich eine Papierserviette gestopft, die nun wie eine winzige Fliege über seinem Brustbein wippt. Er mag dick sein, ist aber ganz bestimmt nicht doof: Weil er sich mit dem Rücken zum Büfett platziert hat, muss er für Nachschub nicht aufstehen. Zwischen zwei maßlosen Haufen Kartoffelsalat greift er Elses Faden auf: »Am liebsten habe ich früher die reinen Fastenexerzitien gebucht: Zehn Tage lang nur Milch und Brötchen.«

»Wirklich nichts anderes?«, frage ich mit einer Mischung aus Respekt und Ungläubigkeit.

»Nur Milch und Brötchen«, schnauft Bruno empört, während er sich eine Schaufel Kartoffelsalat in die Backen schiebt, die andernorts ganze Dörfer ernährte.

»Großartig ist das«, legt er nach. »Man muss das Brötchen in die Milch stippen und schön lang auf dem Brei herumkauen. Dann wird man vollkommen satt.«

Donnerstag, 18.55 Uhr
»Mit beten und allem?«, hatte meine Frau gefragt, als ich ihr von meinem Plan erzählte.

»Na ja, was heißt beten?«, hatte ich geantwortet und mich dabei innerlich gewunden. »Ich nenne das lieber meditieren.«

»Ach so, ja dann.«

Aber jetzt sitze ich in diesem Speisesaal und frage mich verzagt, ob wohl auch nach dem Essen wieder gesungen wird. Ein Abendbrotdankgebet, das erschiene mir logisch. Hinterm Büfett, direkt neben dem Eingang, steht der im Willkommensbogen erwähnte Kühlschrank mit kalten Getränken. Auch auf die Entfernung erkenne ich die wichtigen Flaschen aus Braunglas. Zumindest werde ich meine exerzitialistische Verzweiflung nachher herunterspülen können, ganz allein in meiner selbstverständlich radio- und fernsehfreien Kammer.

Aber wann ist nachher? Gewöhnliche Arbeitnehmer haben seit zwei Stunden frei, der L. jedoch lässt nicht locker: »Um halb acht treffen wir uns zunächst im Ignatiusraum.«

Zunächst?

Donnerstag, 19.30 Uhr
Im Ignatiusraum sitzen wir im Kreis um ein Arrangement aus kleinen Ästen, getrockneten Blumen, Kerzen und bunten, hindrapierten Tüchern. Hier grüßt der Papst den Hippie, Paradies und Weihrauch küssen Nirwana und Patschuli. Der L. erklärt, dass wir jeden Tag einen Film mit religiöser Thematik sehen werden. Als roter Faden wird er sich durch unsere Gespräche und Diskussionen ziehen, ergänzt durch »Impulse« des L. In der Vorstellungsrunde sagt Bruno: »Am liebsten sind mir Fastenexerzitien.«

Donnerstag, 21.30 Uhr
»Oh, die haben ja geheizt«, sagt der L. »Dann war vorhin wohl eine Beerdigung.«

Wir sind in den Chor der alten Klosterkirche gewechselt. Das Abendlob steht an, und Else hat mir glaubhaft versichert, dass danach endgültig Sabbat sei.

Bruno trägt nun eine grüne Trainingsjacke über dem orangefarbenen Nicki und wirkt beinahe hip. Unser erstes Lied handelt vom Zeitmangel auf Erden, von der Oberflächlichkeit und der Möglichkeit, bei allem Wesen und Wirken auf Gott zu vertrauen. »Meine Zeit steht in deinen Händen«, hebt es an. Das Lied gefällt mir, und auch sein Titel: »Ausruhen!«

Die Akustik dieser um 1200 gebauten Kirche ist betörend. Leider jedoch entpuppt sich der Saarbrücker

Sehbehindertenseelsorger, der mir schon wegen seiner am Rucksack baumelnden Bongotrommeln aufgefallen war, als furchtbarer Streber. Er kennt nicht nur den Text, sondern beherrscht zudem die zweite Stimme jedes Liedes. Und das beweist er uns eindringlich.

Sechs Strophen sollen wir singen, sagt der L.: zwei leise, zwei laut, dann wieder leise – »bis wir zum Ende hin verstummen.«

Also singen wir, verhalten und schallend, um uns zum Ende hin im Verstummen zu üben. Aber niemand verstummt so dramatisch wie der Saarbrücker Sehbehindertenseelsorger.

Zweiter Tag

Freitag, 6.30 Uhr
»Nonnen haben nicht allein ein strenges Gelübde der Keuschheit getan, sondern haben auch noch starke Gitter vor ihren Fenstern«, lautet ein Aphorismus von Georg Christoph Lichtenberg. Die Gitterstäbe sind verschwunden, aber spartanisch wirkt meine Kammer noch immer. Meterdick stehen die Mauern, Grabeskälte verströmend. Schwärzeste Finsternis umhüllt mich, während ich nach dem Lichtschalter taste. Warum tue ich mir das eigentlich an?, fragt ein böser, kleiner Teufel in meinem Innern.

Auf dem Weg zum Meditationsraum jedoch – welch ein Wandel! Mir ist, als wäre ich zeitlebens nirgendwo anders gewesen als in St. Thomas. Das Rituelle aller Abläufe, die spirituelle Geschlossenheit der Gruppe und die sphärisch säuselnde Stimme des L. haben mich zu einem Herdentier gemacht. Zu einem Schäfchen des Herrn. Else könnte meine ältere Schwester sein, so vertraut erscheint sie mir, als sie mich im Treppenhaus grüßt. Der L. wäre demgemäß unser verehrter Vater und Lothar der Junge von den Flodders nebenan. Noch nicht eingeordnet bekomme ich den Saarbrücker mit den Bongos. Aber vielleicht wird man den ja irgendwie wieder los.

Unsere Meditationsstühle seien aus verschiedenen Hölzern geschreinert, sagt der L. Eiche, Erle, Buche und Ahorn sendeten ihre jeweils eigenen Schwingungen aus, vielleicht gelinge es ja dem ein oder anderen, sie zu erspüren. Was ich sofort bemerke, ist die Polsterlosigkeit der Schemel. Eingeklemmt in den unbarmherzigen 90-Grad-Winkel zwischen Sitz und Lehne, fühle ich mich wie im Billigflieger nach Torremolinos. Die Bastmatten, die wir unter die Füße legen sollen, knarzen strafend, sobald man seine Position auch nur minimal verändert.

Unser »Stilles Gebet« ist auf 35 Minuten angesetzt. Ich stoße mich ein wenig an dieser Marge. Die 35 ist eine arg krumme und keinesfalls fromme Zahl. Aber damit nicht genug der Unbill. Kaum sind alle in sich versunken, beginnt mein Magen ein Stockhausenkonzert. Es fiept und quietscht und bollert da unten, als wäre die Apokalypse im Anmarsch. Den meisten meiner Mitexerzisten ergeht es nicht anders, halb sieben ist einfach keine Zeit für Meditationen. Unsere Gebete kommen – im wahrsten Sinne des Wortes – aus dem Bauch heraus. An solchen Orten der Stille spürt man, wann das nächste Knurren ansteht. Ich atme flach und flacher, aber es nützt nichts – Stockhausen hebt schon wieder drohend den Taktstock.

Der Einzige, dem der stumme Tumult nichts auszumachen scheint, ist der dicke Bruno. Wahrscheinlich hat er auf seinem Zimmer schon heimlich ein paar Milchbrötchen eingeschoben. Wie ein seliger Buddha thront er da, und während sich alle anderen erfolglos um Einkehr bemühen, schnäuzt Bruno sich ungeniert in sein lakengroßes Stofftaschentuch.

Freitag, 6.45 Uhr
Gedenkminuten in Fußballstadien dauern offiziell zwar 60 Sekunden, werden aber de facto spätestens nach einem Drittel beendet. Und selbst diese kurze Spanne erscheint dem Betrachter oft peinigend lang. 35 Minuten hingegen, das sind 2.100 Sekunden, eine Ewigkeit. In der letzten Viertelstunde habe ich alles rekapituliert, was ich über Meditation zu wissen glaube. Dass man die kalte, gute Luft ein- und die warme, schlechte ausatmet. Dass man tiefer atmet, das Zwerchfell mit einspannt und in Gedanken sinnige Sprüche wiederholt: »Ich bin von innerem Frieden erfüllt. Ich bin eine freie Seele.«

Und tatsächlich, irgendwann kommt der Durchbruch. Ich dämmere weg, in einen süßen, friedvollen Halbschlaf hinein. Warme Wellen wabern um mich her, und unter meinen geschlossenen Lidern scheint die ewige Sonne. Selbst das siebenmalige Schlagen der Turmuhr weckt mich nicht aus meinem meditativen Schlummer. Die mächtigen Schwingungen der Glocke wandern durch meinen federleichten Körper, der ganze, fast tausendjährige Steinbau setzt sich in Bewegung und vibriert, tanzt geschmeidig nach der Glocke Takt.

Als der L. seine Klangschale schlägt, ist die Zeit wie im Flug vergangen. Nach zwei Liedchen und einem finalen Psalm (abwechselnd gesprochen von der Ost- und der Westgruppe) schweben wir zum Frühstück.

Freitag, 9 Uhr
»Es gibt keinen Zufall, aber alles fällt uns zu«, hat der L. zu Tisch gesagt. Da war ihm eine Salamischeibe von der Gabel direkt auf sein bereits geschmiertes Brot geplumpst. Der erste Film, erzählt er uns nun im Ignatiussaal, habe viele Preise gewonnen. Er heißt *Jesus von Montreal*. Die steinzeitliche Videocassette, die L. aus seiner Ledertasche zieht, passt prima zu den Outfits der Schauspieler: Sie tragen Bundfaltenhosen, boygeorgehaft hochtoupierte Frisuren und schulterbepolsterte Sakkos à la Don Johnson.

»Suchen Sie Gott?«, wird der in ein Buch träumende Hauptdarsteller einmal gefragt.

»Ja«, sagt der, kaum aufblickend.

»Hier haben Sie schon mal ein Brötchen«, schreibe ich das Drehbuch um.

Seine tödliche Verletzung, die ihn zum Märtyrer macht, erleidet der Held während einer Theateraufführung. Vom empörten Bischof angeforderte Polizisten stürmen die Freilichtbühne, der ans Kreuz gebundene Jesusdarsteller stürzt und landet mit dem Kopf genau unter einem der massiven Eichenbalken.

Nach dem Abspann verharren wir im Ignatiussaal minutenlang sprachlos. Aus verschiedenen Gründen, vermute ich. Als endlich ein gewisser Austausch in Gang kommt, geht es vor allem um die Passionselemente. Der Saarbrücker Sehbehindertenseelsorger bemängelt, dass die Kreuze rechts und links des Helden leer geblieben sind. Stimmt, denke ich, und bei den Monty Pythons haben am Ende sogar alle mitgesungen. Als er insistiert, sämtliche Parallelen zu Jesu Passion seien fehlerhaft und die Inszenierung der Wiederauferstehung als umfassende Organspende geschmacklos, verabschiede ich mich aufs Klo. Ich nehme einen Schluck aus dem eingeschmuggelten Schnapsfläschchen und denke: Oh, dieser Whisky brennt nach der langen Entbehrung wie Feuer. Aber als ich zum Fenster hochblicke, flackert dort das zur Fratze verzerrte Gesicht des Sehbehindertenseelsorgers.

Entbehrung? Feuer? Da war doch was.

Freitag, 16.30 Uhr
Die Streichhölzer für die Kerzen im Ignatiussaal liegen jetzt unter dem lilafarbenen Bodentuch – eine Initiative des elenden Saarbrückers. Nun kann jeder, der mag, schon mal ein Lichtlein entzünden, bevor die anderen eintrudeln. Wieder lag zwischen zwei Impulstreffen nur eine halbe Stunde. Der L. hat uns angehalten, sie zur Lektüre des Markus-Evangeliums zu nutzen, das im Film wohl eine wichtige Rolle spielte. Ich bin am Ende meiner Kräfte, vor allem der geistig-kommunikativen.

Um den Streifen noch einmal »ein Stück weit tiefer auszuloten«, sollen Kleingruppen à zwei bis drei Personen gebildet werden. Wir sitzen wieder im Kreis, die Duos und Trios entstehen durch Blickkontakt. Die Nüstern der Verbandelten beben ein bisschen, so stolz sind sie auf die neue Seelenverwandtschaft. Mich hat niemand verschwörerisch angesehn, also wende ich mich an meine Nachbarin.

»Tja, dann sind wir wohl die Übriggebliebenen.«

Aber Edith, wie sie sich vorgestellt hat, hebt abwehrend den Arm: »Ich klinke mich da aus.«

Genau genommen ist hier natürlich jeder TOP freiwillig, und die Exerzitienroutiniers ziehen diese Option sehr demonstrativ. Eine Impulssitzung zu schwänzen oder den Meditativen Leibübungen am Nachmittag fernzubleiben, zeugt von der Freiheit, die sie sich im engen Korsett unseres Kurses bewahrt haben. Für mich als Novize kommt das jedoch vorerst nicht infrage.

Es ist erstaunlich, mit welcher Geschwindigkeit ich mich dem Kreuz unterworfen habe. Beim Plenum vorhin (»Treffen wir uns wieder im Ignatiussaal?«, fragte ich den L., obwohl genau das auf der TO steht.) war ihm unser Kreis nicht rund genug. Und kaum hatte er's ausgesprochen, gab ich ihm recht. Unser Stuhlgebilde wies Lücken auf. Das beschrieb eher ein zerbeultes Oval als einen echten Zirkel. Und die Kerze, Leuchtfeuer unserer gemeinsamen Klosterzeit, wankte hoffnungslos exzentrisch in ihrem Meer aus bunten Tüchern. Also griff ich mir meinen Hocker und positionierte ihn neu. Weil der L. mir kein dankendes Lächeln schenkte, war ich regelrecht niedergeschlagen.

Obwohl ich sie durchschaue, hat mich auch Ediths Ablehnung tief getroffen. Ich bin der Fragezeichenkölner, keiner mag mich. Aber als ich sie endlich öffne, meine tränenverschleierten Augen, sitzt da noch jemand wie nicht abgeholt: Oliver.

Vom Umfang her ähnelt er Bruno, dem er jedoch höchstens bis zum Nabel reicht. Auch sonst verbindet die beiden nicht viel. Es gibt die gemütlichen und die patzigen Dicken. Während Bruno dem ersteren Typ entspricht, gehört Oliver zur zweiten Gruppe. Außerdem ist er faul bis hinter die Ohrläppchen.

»Die ersten Tage hier bin ich immer sehr müde«, hat er während der Begrüßungsrunde erzählt. Eine erstaunliche Feststellung angesichts der Tatsache, dass wir hier nur 72 Stunden zusammen sein werden. Ich frage mich, womit dieser Tropf wohl im richtigen Leben seine Brötchen verdient. Als Blauhelm im Krisengebiet? Hauer im chinesischen Bergwerk? Sprecher von Wolfgang Schäuble?

Aber nein, Oliver fährt, im Auftrag einer kirchlichen Organisation, Essen für »bewegungseingeschränkte Senioren« aus.

»Ich sag ungern ›Essen auf Rädern‹, wir liefern schließlich an bis zum Bettrand«, erklärt er und meint damit offenbar: Ich klettere Treppen, Leute!

Damit unser Austausch möglichst fruchtbar werde, legt uns der L. einen Spaziergang ans Herz. Draußen im Schnee wehrt sich Oliver vehement gegen meine zart formulierte Andeutung, der Film sei doch vielleicht auch ein bisschen langweilig gewesen. Im Nebenjob prüft er Filme für den wöchentlichen Kinoabend seiner Pfarrei. *Jesus von Montreal*, deklamiert er, sei ganz großes Kino und die Komposition der Bilder einzigartig. Dabei habe ich ihn während der Vorführung immer wieder einnicken sehen, den Schlawiner.

Kurz vor dem Waldrand hat er genug von mir. Oliver macht kehrt, zurück gen Kloster.

»Ich brauche jetzt ein bisschen Zeit für mich«, sagt er barsch. Und eilt mit kurzen, schnellen Schrittchen auf sein Zimmer, um eine neue DVD in den Laptop zu schnicken: »Testkucken, für die Pfarrei.«

Sollte ich selbst einmal ein solches Exerzitium leiten, Typen wie Oliver hätten Fernsehverbot.

Freitag, 22.30 Uhr
Das Abendlob in der Klosterkirche haben wir heute weitgehend auf Knien verbracht. Nach 13 Stunden im Dienste des Herrn empfand ich das als ein wenig hart. Aber der L. bestand darauf, und selbst Oliver ist ohne Murren von seinem Stuhl gesunken. Wahrscheinlich war er ohnehin bewusstlos.

Zur Belohnung öffnet der L. uns danach die eisenbeschlagene Pforte der Klosterklause. Der geduckte Raum im Souterrain des Anwesens entpuppt sich als urig eingerichtete Kellerkneipe. Als Bruno mein Fläschchen Bitburger öffnet, fühle ich mich beinahe wie in meinem Kölner Stammlokal. Nur die Themen sind hier andere.

Im Exerzitienhaus von A gebe es jetzt morgens keine Kaffeekannen mehr auf den Tischen, erzählt Else. Stattdessen hole man sich den Kaffee am Büfett aus der Espressomaschine. Dann sei der zwar wunderbar frisch, aber dafür die Schlange auch manchmal zehn Meter lang.

Mit noch heißeren News aus der sakralen Welt tut sich nach ein paar Schlückchen Bier die gemeine Ich-klinke-mich-aus-Edith hervor: Im Kloster X habe der Pfarrer einen neuen Strahler unterm Kreuz angebracht. In drei Farben, das sehe sehr schön aus, sagt sie. Mit den Benediktinern von Y sei jedoch in letzter Zeit »rein gar nichts mehr los«. Die Prämonstratenser hingegen, in Z und im Allgemeinen: das sei ein ausgesprochen engagierter Orden.

Ob sie kritisiert oder lobt, stets sucht sie die Augen des Saarbrücker Sehbehindertenseelsorgers. Mit jedem Wort aus ihrem geschürzten Mündchen buhlt sie um seine Gunst, unterstützt von dezenten Korrekturen am Sitz ihres fliederfarbenen Halstuchs.

»Der Pfarrer bei uns daheim«, erzählt sie in ihrem breiten Hessisch, »hat letzten Monat die christliche Begegnungsstätte geschlossen.«

Murrende Empörung im Rund.

»Gerade für die Fünfzig- bis Achtzigjährigen fehlen jetzt jegliche sozialen Angebote.«

Zustimmendes Nicken, der Seelsorger legt den Kopf schief.

»Der alte Pfarrer, jaaa, der war gut. Der wusste, wie man predigt«, sagt Edith laut und deutlich, bevor sich ihre Stimme auf einen verschwörerischen Ton absenkt: »Aber inzwischen, das darf ich eigentlich gar nicht sagen, gehe ich sogar manchmal« – taktische Pause – »zu den Evangelen!«

Ein Rumoren hebt an. Für einen Moment fürchte ich um Ediths Leben, das gleich auf dem Scheiterhaufen enden wird. Aber offenbar kennt sie ihre Pappenheimer und weiß, wie man in solchen Runden pokert. Als ich mich umsehe, liegen Staunen, Mitleid und schließlich Anerkennung auf den Gesichtern der anderen. Und der Saarbrücker Sehbehindertenseelsorger geht auf Edith zu und nimmt sie bewegt in die Arme.

Freitag, 23.30 Uhr
»Seid mir nicht bös, ich muss in die Heia«, sagt der dicke Bruno. Dabei stehen wir schon alle, und er sitzt allein vor seinem vierten Weizen.

Dritter Tag

Samstag, 11.45 Uhr
Die Impuls-Fragen nach dem heutigen Spielfilm lauten: Auferstehung im Film – Auferstehung in der eigenen Biographie. Wie hast du selbst deine Aufbrüche erlebt? Was schwingt bis heute nach?

Der gestrige Schluck Whiskey und die beiden Bierchen in der Klosterklause hatten mich außerordentlich belebt. Die Welt schien mir plötzlich verändert. Als habe ihr etwas gefehlt, ein bestimmtes Vitamin. Ich habe zu nachtschlafender Zeit auf einem elenden Holzhocker meditiert, habe auf einer Gummimatte liegend meinen linken kleinen Zeh fokussiert und abends auf Knien Bittgebete gesprochen. Der Herr ruhte erst am siebten Tag, ich weiß. Aber wäre es nicht anmaßend, sich mit Gott zu vergleichen?

Ganz allmählich reift in mir der Entschluss, mich auch einmal ganz edithmäßig auszuklinken. Vier Kilometer sind es bis Kyllburg, meiner zweiten Heimat, wo die Bahnhofskneipe auch tagsüber geöffnet hat. Auch dort sitzt man auf Hockern, aber dabei stützt man sich bequem auf einen breiten Tresen. Nicht dass ich meine Zelte im Kloster ganz abbrechen möchte. Aber ich verspreche mir einen reinkarnierenden Impuls von dieser Stippvisite. Wie heißt es doch im Markus-Evangelium über Jesu Heilung eines Taubstummen: »Er nahm ihn beiseite, von der Menge weg, legte ihm die Finger in die Ohren und berührte dann die Zunge des Mannes mit Speichel.«

Seine Finger seien die In-Ear-Stöpsel meines Handys, sein Speichel der heilige Gerstensaft der Eifel.

Auf nach Kyllburg!

Samstag, 14 Uhr
Aus einer Sentimentalität heraus habe ich Oliver gefragt, ob er mitkommen möchte. Schon sehe ich uns am Kyllburger Tresen sitzen und über Juliette Binoches Beine diskutieren, die unsere heutige Filmvorführung veredelten. Aber mit Oliver stiehlt man keine Äpfel und baut man keine Hütte.

»Ich lege mich noch was aufs Ohr«, sagt er nach den beiden Schnitzeln und dem Teller Bratkartoffeln.

Mein Plan ist dennoch unumstößlich. Den zweiten Impuls will ich ebenso sausen lassen wie die Leibübungen auf den Entspannungsmatten. Also bleiben mir vier Stunden Zeit bis zum gemeinsamen Abendessen. Vier Stunden minus zwei für den Hin- und Rückweg macht zwei Stunden netto am Tresen. Das sollte reichen für eine feuchtfröhliche Generalüberholung.

Aber der zugeschneite Pfad entlang des Flusses hat es in sich. Unter den Schneewehen liegt eine Eisschicht, die jeden Schritt zur Strapaze macht. Dass ich die Musik auf volle Lautstärke gestellt habe, schwächt zudem meinen Gleichgewichtssinn. Aber ich vertraue auf Gott, wie offenbar alles inzwischen religiös konnotiert ist für mich. Warum heißt dieser Ort, zu dem es links abgeht, ausgerechnet Bruderholz? Und was singen die da, diese Popstars? »Oh Lord«, hebt Johnny Cash an. »Losing my religion«, jaulen R.E.M. Und wer, in Gottes Namen, hat mir die verdammten Desmond-Decker-Israelites auf den Speicher gebeamt?

Erst Janis Joplin, die den Lord dreist um einen Mercedes Benz angeht, bringt mich wieder in die Spur. Und dann bin ich auch schon auf dem Highway to Hell, die Bäume erzittern und der Schnee schmilzt im Höllenfeuer meiner T.N.T. zündenden Schritte. Oder wie es das Evangelium nach Bon Scott ausdrückt: »Lock up your daughter/ Lock up your wife/ Lock up your back door/ And run for your life/ The man is back in town."

Samstag, 15 Uhr
Im Ignatiussaal sitzen sie jetzt zwischen Duftkerzen und Räucherstäbchen. In der Kyllburger Bahnhofskneipe hingegen qualmen die Kippen. Ein nikotingesättigtes Wolkenmeer umfängt mich, die Schwaden wabern so dicht wie die Nebel von Avalon. – Herrlich!

An der Theke setze ich mich neben einen alten Kerl, Typ braungebrannter Hagestolz. Er empfiehlt mir, Flaschenbier zu trinken: »Die zapfen hier noch echte Sieben-Minuten-Pilse, da wirst du nie satt von.«

Er selbst bestellt sich alle paar Minuten einen weiteren Cognac: »Tuste mir noch ein Jäckchen, Edith?« Zwischendurch erzählt er der kleinen Runde, er sei jetzt am gesamten Körper rasiert: »Weil meine Freundin findet, dass mein Gemächt dann mächtiger wirkt.«

»Die aus Prüm oder die aus Bitburg?«, wirft einer ein.

»Nee, die aus Bitburg«, sagt er. »Die aus Prüm sieht ja nicht mehr so gut.«

Vierter Tag

Sonntag, 7.30 Uhr
Der gestrige Ausflug hat mir zugesetzt. Als der Wecker kurz nach sechs zur Morgenmeditation klingelt, würge ich ihn mit der blinden Wut eines Gotteskriegers ab. Im Frühstücksraum riecht es durchdringend nach dem feuchtheißen Dampf der Spülmaschinen. Ich brauche jetzt etwas extrem Gesundes, sage ich mir. Also pflücke ich die hindrapierten Petersilienstrünke vom Büfett, bis mein Teller aussieht wie eine Karnevalsperücke. Aber das Kraut tut seine Wirkung, bald geht es mir ein wenig besser.

Zum Abschluss unserer Exerzitien wollen wir eine gemeinsame Messe feiern, kündigt der L. an. Die Leitung soll der Saarbrücker Sehbehindertenseelsorger übernehmen, der aus irgendeinem Grund dafür qualifiziert zu sein scheint. Edith und er sind jetzt ein Paar. Aus Gesprächen weiß ich, dass meine Gefährten sehr stolz sind auf die Liaison.

»Es fühlt sich so an«, sagt Else, »als sei diese Liebe aus unserem Kreis heraus erwachsen.«

Sonntag, 10 Uhr
Immer wieder diese Anfängerfehler. Der L. hat den Klingelbeutel ausgepackt, »für den Erhalt von St. Thomas.« Überall klimpert es im Körbchen, das sich mir bedrohlich nähert. Denn ich habe keinen müden Cent mehr, man könnte sagen: Ich habe gestern all mein Geld versoffen. Verzweifelt wühle ich in meiner Hosentasche und tue dann so, als hätte ich etwas gefunden. Aber Oliver, der mir den Kollektenkorb weiterreicht, durchschaut mein erbärmliches Manöver. Als ich die geschlossene Hand im Kleingeld versenke und ein bisschen darin wühle, verengen sich seine ohnehin schmalen Fettwanstaugen zu zwei Schlitzen. Er kann hier keinen Aufstand machen und mich bloßstellen, das ist ihm klar. Aber solch ein Maß an Schäbigkeit hat er nicht mehr erlebt, seit Judas den Herrn verriet.

Der Sehbehindertenseelsorger hat unterdessen seine Bongos zwischen die Beine geklemmt und ein Lied angestimmt. Wenn er singt, legt er den Kopf in den Nacken und schließt die Augen. Mit dem ersten Ton verfällt sein Oberkörper in ein ekstatisches, in mancher Hinsicht unappetitliches Zucken. Aber gut, die Sehbehinderten wird das nicht stören.

Unweigerlich werden wir gleich wieder auf die Knie gehen müssen, für was auch immer. Die halbe Hausrenovierung habe ich kniend erledigt, und unsere Abendlob-Sessions haben mir den Rest gegeben. Meine Kniescheiben zerbröseln mit jedem weiteren Bodenkontakt wie Zwieback. Mein ganzer Körper sträubt sich mittlerweile lange im Vorhinein gegen diese Verrichtung. Aber seit der Nummer mit dem Klingelbeutel habe ich ohnehin nichts mehr zu verlieren. Als es soweit ist, täusche ich eine kleine Schwäche vor, kühme, reibe mir die Augen und stütze die Unterarme auf die Knie, um die anderen nicht allzu auffällig zu überragen. Oliver stupst mich erbost an, aber die Bongos übertönen sein Stöhnen.

Sonntag, 10.40 Uhr
Die Messe neigt sich dem Ende zu. Auf den Oblatenteller folgt der Weinkelch.

»Trinken sollt ihr, nicht nippen«, ermutigt uns der L., »das sind die Worte des Herrn.«

So ein kräftiger Schluck Weißwein des Morgens kann nichts schaden, sage ich mir und lange ordentlich zu. Der süße Saft kühlt meine vom Kyllburger Kippenqualm entzündete Kehle und wärmt mir die Eingeweide. Derart belebt, wird auch der »Rollende Gruß« zu einem Kinderspiel: Hintereinanderweg legt jeder jedem die Hände auf die Schultern und gibt ihm – stumm oder mit frommen Worten – seinen Segen für die Zukunft. Allen ist klar: Dies ist unsere vorweggenommene Verabschiedung.

Zu Edith sage ich: »Gott sei mit dir«, und komme mir dabei ein bisschen scheinheilig vor. Oliver legt mir seine schlaffen Wurstfinger auf und schenkt mir einen Blick, der nicht nur Hopfen und Malz verloren gibt. Else und der L. hingegen wirken ehrlich bewegt. Und der dicke Bruno hat sogar ein Tränchen im Auge, das mir beinahe einen Ableger ins Gesicht pflanzt.

Sollten wir uns irgendwann im Leben wiedersehen, lade ich ihn auf ein Brötchen mit Milch ein.

Der Pfarrer

Klaus Bender ist Pfarrer der Pfarreiengemeinschaft Kyllburg und Dechant des Dekanates Bitburg. Dienstsitz ist sowohl das Kyllburger Pfarramt als auch das Dekanatsbüro in Bitburg. Er wohnt in Kyllburg auf dem Stiftsberg in einer alten Stiftskurie, die 1758 erbaut wurde. Geboren 1953 im saarländischen Dudweiler, studierte er Religionspädagogik und Theologie in Trier und in Paderborn, bevor er 1985 die Priesterweihe empfing. Seit 2003 wirkt er in Kyllburg und Umgebung. Zu seinen Hobbys gehören die Ponys am Pfarrhaus, das Kochen und das Orgelspielen.

Ich war Kaplan in Koblenz, als das Bistum Trier anfragte, ob ich mir vorstellen könne, Jugendpfarrer in der Westeifel zu werden. Ich sagte mir: Gemeindepfarrer bist du später noch lange genug, also nimm diese Chance wahr. Und so wurde ich 1987 Jugendpfarrer und bezog als Wohnsitz das Pfarrhaus in Wißmannsdorf. Sieben Jahre später wechselte ich als Pfarrer nach Pronsfeld und Habscheid; nach einem Jahr wurde ich zusätzlich zum Dechanten des damaligen Dekanates Prüm ernannt. Im Jahr 2002 wurde die Seelsorgeeinheit

Kyllburg-Malberg-Badem vakant, und so kam ich im Mai 2003 nach Kyllburg. Ich war froh, dass ich in der Eifel bleiben konnte.

Gebürtig bin ich Saarländer. Ich lebe nun schon rund dreißig Jahre in der Eifel, und daran sieht man, dass ich mich hier wohlfühle. Der Menschenschlag hier ist schon anders als in meiner Heimat. Manchmal werde ich gefragt, was eigentlich den Unterschied zwischen Saarländern und Eifelern ausmacht. Ich sage dann: Wenn ein Fremder ins Saarland zieht und Anschluss sucht, muss er in die Kneipe gehen. Da muss er gleich am ersten Abend für gute Stimmung sorgen, die Leute unterhalten, meinetwegen noch auf dem Tisch tanzen, und die Sache ist gelaufen. Würde man das in der Eifel genauso machen, hätte man gleich verschissen. Da stellt man sich besser zuerst einmal hin, hört zu und sagt selber nichts. Irgendwann stellt einer ein Glas Bier vor dich hin, dann gibst du mal eine Runde, und die Sache beginnt sich langsam zu entwickeln.

Der Eifeler ist unterm Strich genauso authentisch und herzlich wie der Saarländer. Aber er fällt nicht gerade mit der Tür ins Haus. Diese Zurückhaltung könnte damit zu tun haben, dass die Eifel immer ein armes Land mit kargen Böden war, sie wurde ja mitunter als das ›Sibirien Preußens‹ bezeichnet. Die Menschen mussten hart arbeiten und kamen kaum einmal aus der Region heraus. Eine Fahrt nach Trier war schon eine Weltreise. Der ursprünglich wortkarge Menschenschlag hier hatte sicher mit diesen Lebensbedingungen zu tun.

Kyllburg wiederum ist etwas speziell. Denn Kyllburg ist eine Stadt, auch wenn das nicht jedem direkt auffällt.

Aber den Kyllburgern selbst ist das schon wichtig. Als 1974 hier oben auf dem Stiftsberg in den Gebäuden des alten Krankenhauses die Landvolkhochschule einzog, hieß es: ›Was will denn das Landvolk in der Stadt?‹

Ich war 1980 zum ersten Mal hier, da sah der Ort noch anders aus. Im *Eifeler Hof* lief noch der Hotelbetrieb, es gab eine breitgefächerte Gastronomie, und an der Bahnhofstraße lagen viele Geschäfte. Die sind heute alle geschlossen. Als ich 2003 die neue Stelle antrat, glaubte ich, dass Kyllburg wesentlich größer sei als Pronsfeld, dabei leben heute hier keine 900 Menschen mehr. Ich wurde jedenfalls sehr freundlich aufgenommen. Die Menschen waren froh, dass die Pfarrstelle schnell wieder besetzt wurde. Im Jahr 2006 haben wir den Förderverein »Freunde der Kyllburger Stiftskirche« gegründet. Das war von Anfang an eine Erfolgsgeschichte. Eine ganze Reihe von Projekten konnten wir finanzieren, wie die Restaurierung der Kanzel und des alten Kreuzes, den Umbau der Orgel und die Beleuchtung des Kreuzganges. Von Beginn an dabei war übrigens der ehemalige Bundesligaschiedsrichter Herbert Fandel, der auch etliche Jahre den Vorsitz führte. Er versteht ja nicht nur etwas vom Fußball, sondern ist auch ausgebildeter Konzertpianist und der Kultur sehr zugetan.

Die Eifel ist katholisch! Das hat damit zu tun, dass die früheren Landesherren die Erzbischöfe von Trier und Luxemburg waren. So ein geschlossenes System ist Segen und Fluch zugleich. Der Glaube ist zunächst einmal selbstverständlich, für manche vielleicht zu selbstverständlich. Eine persönliche Auseinandersetzung mit

Fragen des Glaubens findet auch heute kaum statt. Vor drei Jahren habe ich Freunde in Dresden besucht. Dort sind nur zwei Prozent katholisch, etwa 15 Prozent gehören zur evangelischen Kirche, der Rest ist nicht getauft und hat an religiösen Fragen kaum Interesse. Aber auch hier bei uns spielt der Glaube für viele Menschen keine große Rolle mehr, so dass ich einmal etwas boshaft formulierte: ›Der Unterschied zwischen Sachsen und der Eifel besteht darin, dass bei uns die Ungläubigen alle getauft sind.‹

Den Wunsch, Pastor zu werden, hatte ich schon in meiner Ministrantenzeit. Als Zwölfjähriger habe ich mit zwei Freunden Messe gespielt. Unsere Mütter mussten uns aus alten Betttüchern Messgewänder nähen, es gab einen kleinen Holzaltar und sogar kleine liturgische Gefäße. Unsere Kirche befand sich damals in einer Zeit des Aufbruchs: 1962 eröffnete Papst Johannes XXIII das Zweite Vatikanische Konzil, und wir waren überzeugt: Jetzt geht es voran, wir bauen eine neue Kirche. Mit Begeisterung haben wir uns in der katholischen Jugend engagiert, und die Vorstellung, einmal in dieser Kirche ein Amt zu übernehmen, hatte etwas Faszinierendes.

Heute besteht oft zwischen den Idealen der offiziellen Kirche und dem Lebensgefühl der Menschen eine große Kluft. Wir an der Basis versuchen, uns an der Lebenssituation der Menschen zu orientieren, und dann überschreiten wir schon einmal Grenzen. Ich wurde einmal brieflich beim Bischof angezeigt, ich hätte ›mehrfach einer öffentlichen Sünderin die Kommunion gereicht‹. Es handelte sich um eine Frau, die nach einer

Scheidung wiederverheiratet ist und regelmäßig zur Messe kommt. Die lehramtliche Position der katholischen Kirche sieht so aus, dass das erste Eheband immer gültig bleibt und das Zusammenleben nach einer zweiten standesamtlichen Heirat als Ehebruch verstanden wird. Ich wollte die Gewissensentscheidung einer mündigen Christin respektieren. Einen Tadel erhielt ich nicht, stattdessen gab es ein konstruktives Gespräch mit dem zuständigen Weihbischof.

Der Aufgabenbereich und das Berufsbild eines Pfarrers haben sich in den letzten Jahrzehnten entscheidend verändert. Als Kind haben mich im Fernsehen die Don-Camillo-Filme fasziniert, noch in Schwarz-Weiß. Ich besitze diese Filme inzwischen übrigens alle auf DVD. Das war ja ein bestimmtes Priesterbild: Dieser deftige Landpfarrer war immer in Soutane unterwegs, kannte seine Schäfchen und legte sich auf durchaus kreative Art und Weise mit dem kommunistischen Bürgermeister an. Gegen den Kommunismus brauchen wir Pfarrer heute nicht mehr zu Felde zu ziehen, kernige Politiker gibt es aber auch in der Eifel immer noch. Mit dem Landtagsabgeordneten Michael Billen hatte ich gleich zu Beginn meiner Tätigkeit eine kleine Auseinandersetzung. In der Zeitung wurde die Frage diskutiert, ob Alkohol unter die Drogen zu rechnen sei. Ich habe eine Stellungnahme von Michael Billen in meiner Predigt etwas frech kommentiert, und das war ihm zu Ohren gekommen. In einer Diskussionsrunde der Eifeler Jungzüchter, an der wir beide teilnahmen, konnte er sich einige Wochen später revanchieren, indem er mit ein paar bissigen Bemerkungen die Qualität der katholischen Sonntagspredigten infrage stellte. Seit diesem Abend haben wir uns dann gegenseitig respektiert und gut verstanden.

Mehr als früher braucht ein Pfarrer heute die Fähigkeit, neue, kreative Ansätze in der Seelsorge zu entwickeln. Unsere Lebenssituation verändert sich, die Bevölkerungszahlen gehen deutlich zurück, und in unseren Dörfern lösen sich alte Traditionen und Strukturen auf. Auch in der Landwirtschaft gibt es ständig neue Entwicklungen und auch neue Probleme. Welcher Bauer hätte sich bei uns vor fünfzig Jahren vorstellen können, dass es einmal einen Melkroboter gibt.

So wird auch die Kirche in der Eifel ihre äußere Gestalt verändern. Wenn es auch viele nicht glauben wollen und sich dagegen stemmen: Die klassischen, kleinen Dorfpfarreien haben keine Zukunft! Als ich vor dreißig Jahren in die Eifel kam, gab es in fast allen Pfarreien an jedem Wochenende noch zwei Eucharistiefeiern. Heute gibt es oft nur alle 14 Tage einen Gottesdienst, und der ist durchaus nicht immer gut besucht. Osterkommunion und Osterbeichte haben für die meisten Katholiken in der Eifel ihre Bedeutung verloren. Viele Menschen haben das Beten verlernt.

Auf Befragen würde sich die Mehrheit der Leute aber immer noch als Christen bezeichnen, und ich bin auch überzeugt davon, dass der christliche Glaube für sie noch ein relevantes Thema ist. Wir müssen uns eingestehen, dass wir in unseren traditionellen Strukturen und mit unseren klassischen Angeboten einen Großteil der Menschen nicht mehr erreichen. Vor Kurzem wurden wir in einem Fortbildungskurs für Pfarrer mit einer provokanten These konfrontiert: Zur Zeit macht die Kirche mit 95 Prozent ihres Personals und ihrer Ressourcen Angebote für etwa 5 Prozent ihrer Mitglieder, die es aus Altersgründen in zehn Jahren nicht mehr geben wird.

Resignation wäre falsch am Platz. Es geht um neue Ideen, neue Wege, neue Zielgruppen. Das fängt damit an, dass man die Wirklichkeit akzeptiert und ihre Chancen erkennt. Ich wohne in der Nähe der Kyllburger Stiftskirche in einem schönen, alten Kanonikerhaus. Letztes Jahr bekam ich neue Nachbarn. Eine nette Familie aus der Eifel mit vier Kindern, die aber alle ungetauft sind. Nun, die Kinder besuchen mich regelmäßig, fühlen sich in meinem Haus wohl und finden es toll, dass auf der Wiese drei Ponys stehen. Das ist dann ja auch eine Erfahrung von Kirche.

Unter den zweiundzwanzig Kirchen und Kapellen unserer Pfarreiengemeinschaft hat die Kyllburger Stiftskirche eine besondere Bedeutung. Man hat 1276 mit dem Bau begonnen. Sie hat wunderschöne Chorfenster und einen großen Kreuzgang. Seit letztem Jahr haben wir eine großartige Orgelanlage, zwei Orgeln, die sowohl einzeln als auch von einem gemeinsamen Spieltisch gespielt werden können. Besondere Bedeutung haben auch die Kirmes am ersten Julisonntag und der sogenannte ›adventliche Stiftsberg‹, ein stimmungsvoller, vorweihnachtlicher Markt am dritten Advent. In der Stiftskirche wird jeden Sonntag um 11 Uhr ein Gottesdienst gefeiert, den ich meistens selbst halte. Darüber hinaus komme ich aber noch viel in der Eifel herum. Gerade aus meiner Jugendpfarrerzeit gibt es noch zahlreiche Kontakte und auch Freundschaften, und öfter werde ich gebeten, einen Hochzeitsgottesdienst oder eine Tauffeier zu halten. Solche Einladungen sind für mich immer eine Freude.

Mit siebzig Jahren kann man als Pfarrer in den Ruhestand gehen. Macht man dann einfach weiter, sagt der Bischof zumeist auch nichts. Im Jahr 2026 wird die Stiftskirche ihr 750-jähriges Jubiläum feiern, ich wäre dann zweiundsiebzig Jahre alt. Wenn es dem lieben Gott gefällt, wäre es mein Wunsch, dieses Fest noch mitzufeiern und dann meinen aktiven Dienst zu beenden.«

Die Raufaserpresspappen-
styroporplattentapete

Dieser feine Nadelstich, wenn jemand sagt: Oh, für den Preis hättest du aber was Besseres kriegen können. Diese subtile Demütigung, wenn er von seinen zehn Brüdern erzählt, die alle ein anderes Handwerk gelernt und ihm sein Haus praktisch umsonst auf die Wiese gesetzt haben. Wer war es noch gewesen, der mir in der *Brückenschänke* seine gesamten, endlosen »Connections« heruntergebetet hatte? Die halbe Nacht lang lauschte ich den Erzählungen von Schwager Heinz, der hochkomplexe Küchenzeilen auf den Millimeter fertigt, und von Schwiegersohn Kevin, dem er die ausgefuchste subterrane Gartenbewässerung verdankte.

Erst als mein Thekennachbar beim Clickparkett seines Wohnzimmers angelangt war, wagte ich mich aus der Deckung: »Habe ich bei uns selber verlegt«, ließ ich mit jener Lässigkeit fallen, mit der John Wayne Tabak auf sein Blättchen krümelt. Aber nicht nur hatte er seine verdammten Landhausdielen ebenfalls eigenhändig verclickt. Sondern er hatte auch nur 25 Euro den Quadratmeter bezahlt. »Alle zwei Monate machen die

Ausverkauf, dann ist's billiger«, erklärte er mir mit der Smartness eines James Stewart. »Und dann bekomm ich bei dem natürlich noch Rabatt, weil die Sabine, dem seine Frau, ist meine Cousine dritten Grades.«

Verflucht sei Sabine, sagte ich mir. Ich hatte über 40 Euro bezahlt.

Plus 16 Prozent Mehrwertsteuer.

Aber wenn ich ihm das jetzt gestanden hätte, wäre er vor Lachen vom Stuhl gesunken. Unterbieten konnte ich ihn andererseits auch nicht. Zum einen wäre ein Kaufpreis von unter 25 Euro nicht glaubhaft gewesen. Und zum anderen hätte ich ihn damit in seiner Ehre als einheimischer Klüngelbruder verletzt. Also nuschelte ich etwas von Zweiunddreißigfuffzig, unterschlug die MwSt. und konterte sein Siegerlächeln mit einer Runde Silberhälschen.

Auf dem Heimweg nahm ich mir vor, an meiner Hemdsärmeligkeit zu arbeiten.

* * *

Es kam der Morgen, da ich mich an die Neugestaltung meines eigenen Zimmers machen wollte. Zahllose Stunden hatte ich dort bereits grübelnd verbracht, zahllose Pläne geschmiedet und wieder eingeschmolzen. In der Küche stand schon der exklusive Gasherd, im Esszimmer offerierte der moderne Barschrank die Schnapsflaschen der letzten zehn Geburtstage, und im Wohnzimmer bollerte bei Bedarf der per Edelstahlschornstein entlüftete Holzofen. Nur an meine eigenen vier Wände hatte ich mich noch nicht herangetraut.

Dieser kleine Raum unterm Dach sollte das Königszimmer des neuen Anwesens werden, ganz klar. Aber irgendwo zwischen Louis XIV. und Ludwig II. war ich hängen geblieben – ein Prinzipal ohne Architekt, ein Bauherr ohne Plan.

Ein Zimmer bar jeder funktionalen Zwänge, das war die vage Vorgabe. Zu Hause musst du Rücksicht auf deine Familie, deinen Alltag, dein Berufsleben nehmen. Da brauchst du einen großen Kleiderschrank, einen Arbeitstisch für den Papierkram und einen Mülleimer für dessen Entsorgung. Im Ferienhaus hingegen muss man gar nichts und darf alles. Da kann die Funktion auch mal der Form folgen, Sein zum Design mutieren und durch Verrücken Verrücktes entstehen. Aber klar ist auch: Wenn die totale Freiheit mit einem umfassenden Mangel an Konzepten einhergeht, wird es schwierig.

Da war zum Beispiel das Problem mit der Wandgestaltung. Die angeranzten Raufasertapeten mussten weg, da gab es keine zweite Meinung. Aber womit wollte ich mich stattdessen umgeben? Natürlich hätte man diesen vom Tageslicht nicht gerade verwöhnten Raum einfach weiß streichen können. Aber das erschien mir zu einfach, zu naheliegend und also zu langweilig. Das ist ein Landhaus, das schreit nach irgendwas mit Holz, beschloss ich. Und im selben Moment kamen mir Bilder meiner Jugend in den Sinn. Bilder von komplett mit Nut- und Federbrettern ausgeschlagenen Hobbyräumen, Kellerbars und Dachkammern. Saunaartige Holzhöhlen, zusammengehalten von mit winzigen Nägelchen fixierten, messerscharfen Verbindungsklammern und gedämmt mit stinkender, teuflisch juckender Glaswolle. In meinen Gehörgängen sprang ein Kassettenrekorder an, Gottlieb Wendehals quäkte seine Polonäse Blankenese. Es war grauenhaft, nein, auf keinen Fall Nut- und Federbretter!

Also erst mal runter mit den alten Tapeten, da kann man nichts falsch machen.

Oder doch?

Die nächste Stunde brachte ich mit dem Einnässen der Raufaserflächen zu.

»Da nimmt man sich eine Spritzpumpe und legt los«, hatte mir der Wirt der *Brückenschänke* erklärt. »Tiptop, so'n Teil! Da kannst du dich hinsetzen, 'ne Flasche Bier aufmachen und zusehen, wie die Tapete irgendwann von selbst von der Wand fällt.«

Ist klar, Mann.

So reden die, die längst alles fertig haben. Auch die haben irgendwann mal geflucht und geflennt und verzweifelt am Boden gelegen. Aber gegenüber Greenhorns wie mir geben sie den ultralässigen Heimwerkercowboy.

Geschenkt, Meister, zumal ich gar keine Spritzpumpe besaß. Sondern nur ein altes Glasreinigerfläschchen, das ich mit Wasser und Spüli füllte. Als mein rechter Zeigefinger zum ersten Mal erlahmte, hatte ich vielleicht zehn Rauhfaserpocken durchtränkt. Und das auch nur oberflächlich, wie ein kleiner Test mit dem Spachtel ergab. Das Papier hatte sich etwas dunkler gefärbt. Aber die verdammte Holzspäne waren noch immer trocken wie Katzenstreu.

Mir schwante: Dieser Tag würde sich zu einer brutalen Lektion in Sachen Demut entwickeln. Und erschwerend hinzukommen sollte, dass sich ausgerechnet heute ein Haufen Handwerker angemeldet hatte.

* * *

Wer je mit Männern übers Heimwerken sprach, kennt die verschiedenen Typen. Da gibt es die Alleskönner, die mit dem Hammer in der Hand geboren wurden. Mit der Maurerkelle hantieren sie ebenso routiniert wie mit der Oberfräse, und technische Zeichnungen leuchten ihnen genauso prompt ein wie elektrische Schaltkreise. »Geht nicht« gibt es nicht für sie, und wenn etwas begrenzt ist, dann höchstens ihre Geduld.

Ihnen gegenüber steht der Aufschneider. Er kann vielleicht zwei Zementsäcke auf einmal schleppen, aber eine tragende Wand zieht so einer nicht damit hoch. Eigentlich hat er keinen blassen Schimmer vom Handwerken. Aber er glaubt es seiner Männlichkeit schuldig zu sein, um jeden Preis. Richtig gut ist er lediglich im Dicketun. Wer verbal mit ihm mithalten möchte, muss im Austeilen genauso hart sein wie im Nehmen.

»Finde ich klasse, dass du hier so viel selber machst«, beginnt er das Gespräch. »Ist dir schon mal aufgefallen, dass die Bohrmaschinen von *Bosch* um einiges besser sind als die von *Black & Decker*? Hab ich nämlich festgestellt, als ich damals, praktisch im Alleingang, die alte Burg von Schladderath auf Vordermann gebracht hab.«

Wenn du nicht klein beigeben willst, wirst du etwas erwidern wie: »Genau das ist mir auch aufgefallen, als ich seinerzeit die Rügenbrücke über den Sund zog. An der Bohrmaschine sollte man als Letztes sparen.« Nur damit unser kleiner Herkules kontert, er stehe in Verhandlungen über den Bau eines weiteren Atomkraftwerks, nachdem er bereits ein halbes Dutzend andere irgendwo auf die Wiese gesetzt hat. Danach bleibt dir eigentlich nur noch, möglichst beiläufig daran zu erinnern, wie sich Gott am dritten Tage von dir ablösen ließ.

Bittet man den Aufschneider um eine konkrete Auskunft, womöglich um seine tatkräftige Hilfe bei der Lösung eines Problems, windet er sich wie ein Aal. Und macht sich dann schnellstmöglich aus dem Staub.

Der mit Abstand unangenehmste Zeitgenosse, dies nur der Vollständigkeit halber, ist jedoch der Softie. Statt mit Taten protzt er mit Verweigerung. Während der Aufschneider seine Nägel mit dem Handballen versenkt, schwärmt der Softie von seiner Gattin: Hammer, Bohrer und Säge, so erzählt er, seien bei ihm zu Hause fest in Frauenhand. Mit vollem Bewusstsein hat er sich »Weichei« auf die Stirn tätowieren lassen, ein Dornenkranz, den er wie eine Krone trägt. »Seht her, ihr albernen Mannsbilder«, scheint er zu rufen, »ich habe zwei linke Hände und bin sogar stolz darauf!«

Im Gegensatz zu den Vorgenannten ist der Softie eine echte Gefahr. Denn er rüttelt an den Grundfesten der Männlichkeit, indem er sie einfach umgeht. Im Grunde wünscht man diesem Kerl, dass er mal allein auf einer Insel strandet und am Öffnen der Kokosnuss scheitert.

Aber das, wie gesagt, nur der Vollständigkeit halber.

* * *

Zu welcher Gruppe ich mich selbst rechne, lasse ich lieber offen. Aber sagen wir so: Ein Bob der Baumeister wird aus mir in diesem Leben nicht mehr. Jochen, der Sanitärmann, vereinigte hingegen Elemente des Alleskönners mit solchen des gnadenlosen Aufschneiders. Und er war definitiv das Gegenteil eines Softies. Als er mich mit meinem Sprühfläschchen hantieren sah, schüttelte er entgeistert den Kopf. Jochen unterbrach seine Arbeit in unserem Badezimmer, ging zurück zu seinem Van und drückte mir einen Wassereimer samt Quast in die Hand. Mitleid lag auf seinem Gesicht, aber zugleich auch, wenn ich das richtig deutete, eine Portion Spott. Und dass er dabei über meine Schulter hinweg meine Frau angrinste, machte den Moment nicht gerade erträglicher.

Ohne Frage jedoch nahmen die Wände nun zunehmend Feuchtigkeit auf. Zumal der Mann mir zwischenzeitlich empfohlen hatte, den Spachtel zum Einritzen der Tapete zu nutzen. Aber wie viel ich auch quastete, »von selbst« kam hier gar nichts runter. Liter um Liter verstrich ich das Wasser auf den pockigen Flächen. Die Saugfähigkeit dieser Raufasern jedoch schien grenzenlos. Eine Zauberpampers aus dem Hightechlabor, hergestellt für eine Sendung mit versteckter Kamera. Und ich war der traurige Held dieses Sketches.

Irgendwann wurde es mir zu bunt mit den verdammten Papplappen. Ich griff zum Werkzeug und machte mich ans Ablösen eines ersten echten Streifens. Kurz darauf legte ich den Untergrund meiner Zimmerwand frei. Was ich dort sah, war weder Putz noch Rigips, sondern etwas Fasriges, Weiches. Eine Art Presspappe, die mir mit einer tiefen, knarzenden Stimme zuraunte: Mit mir wirst du ein Problem haben, du Niete!

Und das wurde es dann auch: Ein Problem von vier Wänden und einer Decke, ein Problem von fünfzig Quadratmetern, verkompliziert durch Mauervorsprünge, Gauben und Dachschrägen. Über die Jahre hinweg waren Raufasertapete und Presspappe praktisch eins geworden. Wer das Papier lösen wollte, hatte unweigerlich auch die Pappe am Spachtel. Jeder Stoß, jedes bloße Knibbeln mit dem Fingernagel fügte meinen Wänden eine Wunde zu. Nach kaum einer Viertelstunde war ich angesichts all dieser Katschen so verzweifelt, dass ich mich auf einen Kaffee in die Küche setzte.

»Wartest du auf die Heinzelmännchen?«, fragte Jochen, während er unser neues Klosett die enge Treppe hochwuchtete. Die Leichtigkeit, mit der er dabei zu Werke ging, erinnerte mich an ein Gespräch vom Vorabend. Da hatte ich in der *Brückenschänke* neben dem Holländer gesessen. Einem Mann wohlgemerkt, der ein völlig heruntergekommenes Dreihundert-Quadratmeter-Haus ganz allein sanierte.

»Du lässt dir einen Handwerker kommen, um ein altes Waschbecken abzuhängen?«, hatte er mich gefragt. Und es hatte geklungen wie: »Du putzt deine Zähne nicht selbst?«

Wenn er gewusst hätte, dass dieser Mann sogar unsere Duschstange anbrachte ...

Und wenn er hätte ahnen können, warum ich darüber hinaus einen Elektriker brauchte ...

* * *

Beim Kampf mit einem harten Gegner sollte man wohl nicht zugleich an den nächsten Fight denken. Aber wie ich da saß, mit meinem kalten Kaffee, den Kopf in den Händen, da fiel mir wieder diese Sache mit dem Licht ein. Um meinen Tapetentag gründlich vorzubereiten, hatte ich sämtliche Steckdosen und Lichtschalter entfernt. Ich hatte Kabel aus Buchsen befreit, Lüsterklemmen aufgeschraubt und das ganze danach mit Zeitungspapier zurück in seine Wandhöhlen gesperrt. Als mir später klar wurde, dass man Tapeten auch vorsichtig um eine gelockerte Buchse herum ablösen kann; als mir die Morgendämmerung zuflüsterte, dass man zur Renovierung eines Raumes Licht braucht: Da war es zu spät.

Zwar hatte ich die blanken Kabel nach irgendeinem System zusammengefasst; aber nach welchem, war mir völlig und für immer entfallen. Jeder Zeitungspfropfen, den ich aus der Wand zog, trieb mir den Schweiß auf die Stirn. Hier würmelten sechs Kabel auf einmal umeinander, ununterscheidbar zwillingsschwarz ummantelt, versteht sich. Dort bröckelte eine Stoffisolierung aus den 1950ern wie schlecht gebrannter Ton vom Kupferstrang. Ganz zu schweigen von den musealen Drehschaltern mit ihren labyrinthischen, einem Laien gänzlich unzugänglichen Kabelwegen.

Aber wenn ich doch bis in den Abend hinein Tapeten ablösen will, so sagte ich mir, dann brauche ich Licht. Bald war ich vom vielen Runter-zum-Sicherungskasten-Laufen und dem Wieder-hoch-zur-Strombuchse-Kraxeln so rammdösig, dass ich, oben angekommen, nicht mehr wusste, ob ich nun zuletzt alle Sicherungen aus- oder eingeschaltet hatte. Oder nur einige, von denen ich mit einiger Sicherheit vermutete, sie regulierten den zweiten Stock ...

Als mir der erste Funke entgegenschlug, beendete ich die Operation. Ich reaktivierte die Lüsterklemmen, stopfte den ganzen Salat zurück in die Wand. Und trank einen weiteren Kaffee.

War es die Gemeinheit des Schicksals oder meine gerechte Strafe, dass sich ausgerechnet an jenem Mittag jäh der Himmel zuzog? Die Eifel schloss ihre Pforten, Petrus öffnete die seinen. Es goss aus allen Schläuchen, düsterstes Grau schwappte durch die alten Sprossenfenster. Aber was meine Tapeten betraf, hatte ich ohnehin den Überblick verloren. Wir waren in eine Art Kriegszustand eingetreten. Vor allem die Decke glich einem blutigen Schlachtfeld. Auf der Klappleiter stehend fühlte ich mich wie ein Raubritter, der den unsichtbaren Feind ein ums anderen Mal blindwütig attackiert. Dass ich dabei eher Don Quijote als Prinz Eisenherz glich, war mir gleichgültig. Auch die Wand zum Nachbarhaus hatte bitterste Streiche hinnehmen müssen. Niemand hätte in diesem schwarzgrauen Zwielicht sagen können, ob ich nun noch Tapete entfernte oder bereits mit der Faust im Wohnzimmer des Mitbürgers steckte.

Aber konnte ich wirklich einen Elektriker rufen, um mir eine läppische Steckdose zu reinstallieren? Schon die Neandertaler unterhielten wie selbstverständlich ihr eigenes Feuer. Und dieser Städter hackt im Dunkeln auf seine Raufasertapete ein? Weil er zu dämlich ist, zwei Kabel miteinander zu verbinden?

Es war verzwickt. Holte ich einen Fachmann, spräche sich das in Nullkommanichts im Ort herum. Mein Ruf wäre ruiniert: Ein echter Schnulli, der Kerl. Was also blieb mir zu tun? Zuweilen hilft es, in solch ausweglos scheinenden Situationen die Frau vorzuschieben. Frauen schämen sich im Allgemeinen weniger, Schwächen zuzugeben und vermeintlich dumme Fragen zu stellen. Dementsprechend stecken sie auch weniger Prügel dafür ein. An jenem Tag jedoch kam mir nicht meine Frau, sondern Gott zur Hilfe. Und zwar in Person des ebenfalls bestellten TV-Fachmanns, der Punkt 13 Uhr vor der Tür stand.

Eigentlich hatte er lediglich eine Satellitenschüssel auf unser Dach montieren sollen. Aber, so schoss es mir durch den Kopf, auch dafür wird er irgendwann Strom brauchen. Also erzählte ich ihm bereits beim Eintreten ganz nebenher, dass ich die Steckdosen im oberen Stockwerk noch nicht wieder eingebaut hätte. »Aber die liegen jeweils unter den Wandbuchsen, können Sie sich ja vielleicht selber schnell eine anschließen.«

Und am besten alle anderen gleich mit, sprach ich in Gedanken weiter.

Noch immer prasselte der Regen gegen die Fenster. Im Halbdunkel tasteten wir uns die Treppe hinauf. Irgendwo über den Wolken zog die Sonne gen Westen. Als der TV-Mann mein Zimmer erreichte, schien er kurz zu stutzen. Irgendetwas stimmt hier nicht, las ich in seinem Gesicht, und vielleicht auch so etwas wie: Bin froh, wenn ich hier wieder weg bin. Aber dann ergriff er entschlossen eine der losen Dosen. Und ehe ich mich's versah, steckten auch schon diverse Kabel darin, ordentlich sortiert. Das war alles zu schnell gegangen, als dass ich die einzelnen Arbeitsschritte hätte verfolgen können.

Aber sei's drum, ab sofort konnte ich eine Lampe anschließen.

* * *

Es wurde Abend, und in mir wuchs ein Gefühl, das signalisierte: Du bist fertig für heute. Fix und, aber so was von. Sanitärmann Jochen hatte sich lange schon verabschiedet und mir seinen Quast zu treuen Händen dagelassen. Der TV-Monteur war genauso verschwunden wie der zwischenzeitlich eingelaufene Schornsteinfeger, der den Ofenanschluss nachkontrolliert hatte. Bevor ich die Treppe ein allerletztes Mal hinunterwankte, kam mir ein Filmchen aus dem Internet in den Sinn. In diesem millionenfach angeklickten Privatvideo versucht ein älterer Herr, einen Staubsauger anzuschmeißen. Anstatt das Kabel jedoch einfach in die Dose zu stecken, zieht er ruckartig daran, als wollte er einen Außenbordmotor starten. Der Mann hat etwas von einem modernen Sisyphos. Oder von einem alten Trottel. Energisch pullt er ein ums andere Mal, nur damit sich das Kabel immer wieder in das Staubsaugergehäuse zurückzieht. Man hört, wie er mit jedem Scheitern immer wütender wird. Aber der Clip bricht ab, bevor der Zuschauer erfährt, wie die Sache wohl ausgegangen ist.

Just an jenen Alten musste ich denken, als ich mein zukünftiges Zimmer betrachtete. Von Wänden und einer Decke konnte angesichts dieses Schlachtfelds keine Rede mehr sein. Maargroße Krater verteilten sich über die Fläche, getrennt von herunterlappenden Pappstreifen. Rechts und links vom Fenster zierten weiße Inseln das Panorama – Reste von Styroporplatten, die mit dem dort vorhandenen Putz eine ähnlich innige Liaison eingegangen waren wie Raufasern und Presspappe. Der Boden war übersät mit Tapetenfetzen, keiner größer als vier Quadratzentimeter. Mittig von der Decke baumelten noch immer zwei nackte Kabel, wo einst eine zwar hässliche, aber lichtspendende Lampe gehangen hatte. Und in allen Steckdosen – außer einer – warteten alte Zeitungen darauf, endlich dem Recycling zugeführt zu werden.

Der einzige Ausweg aus diesem selbstverschuldeten Elend, so fand ich, führte in die *Brückenschänke*. Aber im Geiste sah ich sie bereits dort hocken: den Tiptop-Wirt und den Holländer, wie sie mit dem Fernsehtechniker und dem Sanitärfritzen Witze rissen. Über den Stümper aus Nummer 44. Nein, das wollte ich mir heute ersparen. Also breitete ich meine Klappmatraze aus und fiel darauf wie ein Stein. Als ich beinahe eingeschlafen war, landete etwas auf meinem linken Ohr: ein Stück Putz. Ich ließ es dort liegen.

Der Alte Fritz und die Grundbirnen

Die Rocky Mountains im Jahr 1850: »Potato Fritz« züchtet seine Kartoffeln. Dann kommen die Indianer und brennen seine Farm nieder. Der verrückte Bauer geht in die Stadt und besäuft sich. Ein Trupp Soldaten, darunter der Kicker Paul Breitner als Sergeant Stark, begleitet einen Goldtransport. Banditen erobern den Schatz, aber am Ende kommen Siedler und Indianer zu ihrem Recht. Und Potato Fritz wankt zurück auf seine Farm, um neue Äcker anzulegen.

Als ich den Film damals sah, war ich erschüttert. Als großer Westernfan dachte ich: So einen Kokolores habe ich ja noch nie gesehen, die Deutschen können einfach keine Western. Ungefähr zur selben Zeit lief im ZDF eine Vorabendserie namens *Stadt ohne Sheriff*. Da konnte auch keiner ordentlich am Revolver drehen oder den Zigarillo von rechts nach links rollen lassen. In der sherifflosen Stadt spielte Uwe Friedrichsen die Hauptrolle, er war – hoho – »Tex Ritter«. Der Potato Fritz hingegen wurde von Hardy Krüger übernommen.

Ein deutscher Kartoffelbauer im Wilden Westen: Urahn des Potato ist der Alte Fritz. Was der Regisseur Peter Schamoni 1975 in seinem skurrilen Western verarbeitete, begann im 18. Jahrhundert mit Friedrich dem Großen. Seine »Kartoffelbefehle« legten ab 1746 die Basis dafür, dass aus den Deutschen »Kartoffelfresser« wurden: »Es ist von uns in höchster Person die Anpflanzung der sog. Tartoffeln, als ein sehr nützliches und sowohl für Menschen als Vieh auf sehr vielfache Weise dienliches Erd-Gewächse, ernstlich anbefohlen. Wo nur ein leerer Platz zu finden ist, soll sie angebaut werden, da diese Frucht auch dergestalt ergiebig ist, daß die darauf verwendete Mühe sehr gut belohnt wird.«

Zunächst stieß die Mission des Preußenkönigs auf Widerstand. Der Ackersmann ist grundsätzlich misstrauisch gegenüber Neuerungen, und so hatte es auch die Erdknolle aus Südamerika schwer. Dermaßen stur waren die Bauern, dass der Alte Fritz noch einmal nachlegen musste und seine Beamten anwies: »Übrigens müßt ihr es beym bloßen Bekanntwerden der Instruction nicht bewenden, sondern durch die Land-Dragoner und andere Creißbediente revidieren lassen, ob auch Fleiß bey der Anpflantzung gebraucht worden, wie Ihr denn auch selbst bey Euren Bereysungen untersuchen müsset, ob man sich deren Anpflantzung angelegen seyn lasse.«

Überredungskünste und Drohungen fruchteten schließlich. Keine andere Nation – außer vielleicht die irische – verliebte sich derart innig in den Erdapfel. Die deutsche Scholle wurde flächendeckend zum Knollenacker. Vor allem in ärmeren, ländlichen Gegenden dominierten Kartoffeln die Keller und Küchen. »Sehr viele von ihnen kennen keine andere Nahrung als Kartoffeln und Brot«, schrieb eine preußische Kommission über die Zustände in der Eifel des 19. Jahrhunderts.

Heutzutage isst man auch in der Eifel global: Es gibt italienische Pizzerien, türkische Dönerbuden und chinesische Takeaways. Kartoffeln verspeist man bevorzugt in Form frittierter Stäbchen. Wenn meine Frau und ich in Kyllburg essen gehen – bei Christian, Antonio oder Roger –, sitzen wir zwischen Holländern, Luxemburgern und Amerikanern. Die einen haben hier Häuser gekauft, die anderen arbeiten auf dem Militärstützpunkt in Spangdahlem. Nimmt man die Deutschen hinzu, den italienischen Pizzabäcker und die polnischen Kellnerinnen, sind diese Restaurants sechssprachig – ausgesprochen erstaunlich für einen Landstrich, der vor 150 Jahren noch hinter dem Mond lag.

Als die Kartoffeln hier eingeführt wurden, hatte man noch nicht einmal einen Namen für sie. Im Eifeler Platt heißen sie bis heute »Grumpere« – Grundbirnen. Die am Baum wachsenden Früchte kannte man von alters her, der Name für die unterirdische Knolle wurde folglich abgeleitet. Solange ausreichend Grundbirnen im Keller lagerten, war die Ernährung gesichert. Aber darauf verlassen konnte man sich nie. Soziale Fürsorge existierte praktisch gar nicht, das kam erst allmählich mit den Preußen. Auch Ersparnisse für harte Zeiten konnte niemand anhäufen. Im Gegenteil: »Fast alle Bauern sind verschuldet«, heißt es im angesprochenen Bericht. Und wenn dann die Natur zuschlug, übernahm Schmalhans das Amt des Küchenmeisters.

1815 war es wieder soweit. Und zwar: weltweit. Auf der indonesische Insel Sumbawa brach der Tambora aus, mit unvorstellbarer Wucht. Über 70 Kilometer wurde die Kuppe des Vulkans in die Höhe geschleudert, er verlor rund 1.200 Meter an Höhe. Mehr als 150 Kubikkilometer Gestein, Asche und Schwefelverbindungen jagten in den Himmel und sorgten im Umkreis von 500 Kilometern für eine dreitägige Sonnenfinsternis. Man schätzt, dass in der Umgebung des Vulkans etwa 10.000 Menschen auf der Stelle starben. Aber das war erst der Anfang der Katastrophe.

Wie ein Schleier legte sich die gigantische Staubwolke um den ganzen Planeten. Die Reflexe des Vulkanstaubs im Licht sorgten für spektakuläre Sonnenuntergänge. Aber was Maler wie William Turner oder Caspar David Friedrich zu großen Gemälden anregte, sorgte andernorts für Hungersnöte. Das Jahr 1816 wurde zum kältesten seit Beginn der Wetteraufzeichnungen. Dauerregen und Frost schon ab August bestimmten das Klima. Ausdrücke wie »das Jahr ohne Sommer« machten die Runde, oder einfacher: »Achtzehnhundertunderfroren«. Der Koblenzer Publizist Joseph Görres schrieb: »Der große Teil der Bevölkerung der tiefen Eifel schleicht umher mit eingewundenen Augen und hohlen Wangen, gelber, an den Knochen klebender Haut, unfähig zu Arbeit und Erwerb.«

Der vulkanische Sonnenfilter und die damit einhergehende Kälte vernichteten fast die gesamte Ernte. Auch im Folgejahr 1817 setzte sich das Desaster fort. Eis und Schnee bis in den Juni hinein ließen die Preise für Getreide um mehrere hundert Prozent steigen. Wer seine kaum walnussgroßen Kartoffeln noch ernten konnte, buk ein Notbrot daraus. War die Fäulnis jedoch zu weit fortgeschritten, bezahlte man für Marktkartoffeln nunmehr das Fünffache. Wo die Menschen hungern, hungert auch das Vieh, bis es womöglich notgeschlachtet wird. Weil die Schafe kein Futter mehr fanden, ging ihr Bestand innerhalb des einen Jahres um eifelweit 12.000 zurück. Kaum anders sah es bei Schweinen und Rindern aus.

Dabei lag die Eifel ohnehin schon seit Jahren darnieder. Die Franzosenherrschaft hatte das Land ausgepresst. Viele als Soldaten eingezogene, junge Männer galten noch als vermisst und fehlten bei der Feldarbeit. Auch der Bestand an Wald respektive Brennholz war von den Besatzern stark dezimiert worden. Die in der Eifel praktizierte »Realteilung« trug ein Übriges zur Verarmung der Bauern bei: Jeder Erbe beackerte eine immer kleiner werdende Parzelle. Die meisten Höfe bestanden aus nicht mehr als zwei Hektar Land. Der Kelberger Bürgermeister Metten schrieb 1819: »Ich mag mich dieser Epoche nur mit Grausen erinnern. Ich habe Leute gesehen, die Gräser in den Wiesen gesammelt und gegessen haben. Die erkälteten Grundbirnen wurden als Leckerbissen benutzt.«

Auch in den kommenden Jahrzehnten sollte sich die Rede vom »Preußisch-Sibirien« immer wieder bewahrheiten. Die allmähliche Industrialisierung Deutschlands schadete der Eifel zunächst mehr, als sie ihr nützte. Ohne Bahnanschluss gerieten die engen Täler des Mittelgebirges ins Hintertreffen gegenüber etwa dem Ruhrgebiet. Arbeitskräfte wanderten ab, die eigene

Eisenindustrie brach komplett zusammen. Mitte der 1840er Jahre sorgten schlimme Winter erneut für eine Periode von Missernten. Die Menschen verzehrten das rare Saatgut, weil an Pflanzenwachstum nicht zu denken war. Wieder verfaulten die Kartoffeln im Boden, das Grundnahrungsmittel der Landbevölkerung. Der romantische Dichter Gottfried Kinkel schrieb über seine Eifelreise von 1846: »Die Einwohner nähren sich kümmerlich von mühseligem Ackerbau: Man findet ganz ausgezeichnet schlechte Schenken und in keiner ein erträgliches Mittagsbrot. Das Volk ist klein, verkrüppelt und von der scharfen Luft großenteils brustleidend, und von der Burg herab erkennt man in den geschwärzten Strohdächern und verfallenen Lehmwänden kaum noch die gestaltende Menschenhand.«

Armut, Kälte, Abgeschiedenheit: ein trostloses Trio. Um des Mangels Herr zu werden, kam man auf die irrwitzigsten Ideen. Auf dem Höhepunkt der Krise versuchte man gar, aus den deutschen Kartoffel- welsche Froschfresser zu machen. Das *Schleidener Wochenblatt* vom 9. April 1847 empfahl: »Vielleicht soll durch die jetzt vorhandene, ungemeine Anzahl Frösche gerade ein wenn auch wenig belangreiches Mittel zur Lebensfristung oder Stillegung des Hungers geboten sein. Es sei diesem wie ihm wolle, jedenfalls scheint es anräthlich, die vielen Frösche einzufangen und deren Beine, gebraten, zur Consumption zu benutzen. Dadurch wird ein doppelter Zweck erreicht werden, indem ein Lebensbedürfnis befriedigt, und daneben verhütet wird, dass die Frösche laichen und später mit ihrer Brut den weichen Pflanzenwuchs verzehren.«

Seltsamerweise mussten die preußischen Behörden den notleidenden Eifelern offenbar auch in dieser Situation noch klarmachen, dass man sich selbst der Nächste zu sein hat. Fremde und Bettler, so besagt eine Verordnung ebenfalls von 1847, dürften nicht mehr versorgt werden, da es sonst den Einheimischen an Nahrung mangele. Wer Fremden Obdach gewähre, werde mit bis zu fünf Talern Strafe belangt.

Wie häufig diese erbarmungslose Vorgabe zur Anwendung kam, ist nicht bekannt. Die meisten Eifelbewohner, davon darf man ausgehen, hatten ohnehin nichts zu verschenken. Genau deshalb begann in der Mitte des 19. Jahrhunderts auch die Hochphase der Auswanderung. Die Häfen von Antwerpen, Rotterdam und Bremerhaven wurden zum Drehkreuz in eine neue Welt. »Wer mag sich wundern, wenn der Mensch, acht Monate gegen Frost, das ganze Jahr gegen Not und Hunger kämpfend, hier nicht mit starken Banden an seine Heimat sich geknüpft fühlt, wenn er an Auswanderung in gesegnetere Kornländer denkt?«, schrieb Gottfried Kinkel.

Manch einer scheiterte jedoch, bevor er das Schiff überhaupt betreten hatte. Dem einen ging auf dem Weg zur Küste das Geld aus, den nächsten verließ womöglich der Mut. Der Dritte wiederum erfuhr erst am Hafen, dass sich die Voraussetzungen der Emigration geändert hatten und das versprochene Ackerland in Übersee längst verteilt war. Und dann hieß es, sich als Geschlagener auf den Rückweg zu machen. Dorfnamen wie »Neubrasilien« (in Luxemburg) oder der »Neu-Afrika«-Hof in Kruchten (Südwesteifel) geben Zeugnis von misslungenen Fluchten. Trotzig benannten die Heimkehrer die neualte Heimat nach den Zielen, die sie nie erreicht hatten.

Andere Armutsflüchtlinge brachen derart massiv auf, dass sie ganze Dörfer entmenscht zurückließen. Besonders arm dran waren offenbar die Einwohner des Fleckens Allscheid im Kreis Daun. So groß war deren Not, dass man ihnen bereits 1846 die Steuer auf Brennholz und Vieh erlassen hatte. Um nicht zu erfrieren, zogen sie des Nachts in den Wald und stahlen Holz. Gleichzeitig bekam man auch in Allscheid Nachricht von den ersten Auswanderern, die in Amerika oder sonst wo ihr Glück machten. Wer nichts zu verlieren hat, kann nur gewinnen: Man setzte sich zusammen, und schließlich entschloss sich die gesamte Einwohnerschaft zur Emigration. Sämtliches Land, alle Gebäude wurden verkauft. Im Juli 1852 schifften sich in Rotterdam 19 Männer, 22 Frauen und 25 Kinder nach Amerika ein. Im kommenden Frühjahr wurde ihr Dorf dem Erdboden gleichgemacht, um Platz für neue Ackerflächen zu schaffen. Allscheid hatte, fünfhundert Jahre nach seiner ersten Erwähnung, aufgehört zu existieren. Wer heute über die schmale Straße zwischen Steiningen und Darscheid fährt, findet von Allscheid nur noch eine kleine Kapelle, die wie gottverlassen am Wegesrand steht.

* * *

In der zweiten Hälfte des 19. Jahrhunderts begann sich die Lage in der Eifel zu entspannen. Missernten hielten sich fortan in Grenzen, zudem griffen allmählich die Reformen und Hilfsmaßnahmen der preußischen Regierung. Auch in Kyllburg hatten die Menschen gelitten, wenn auch nicht so existenziell wie manch andere Eifeler. Das Kyllburger Stift stand unter dem Patronat des mächtigen Trierer Erzbischofs. Bis 1856 (und dann wieder ab 1956) verfügte man über Stadtrechte. Mauern schützten die Bürger, regelmäßige Kram- und Viehmärkte spülten Geld in die Kassen. Während andernorts die Einwohnerzahlen dramatisch sanken, konnte Kyllburg sogar zulegen. Zählte man hier 1815 noch 708 Seelen, so waren es 1871 bereits 1.140. Die Reichsgründung im selben Jahr brachte weiteren Wohlstand und Fortschritt.Zwei Jahre darauf fand der Ort dann endgültig Anschluss an den Rest der Welt: Die Eifelbahn von Köln über Kyllburg nach Trier wurde eröffnet. Sie schuf Arbeitsplätze und ganz neue Transportmöglichkeiten. Bald sollte sie zudem die ersten Touristenströme in die Eifel leiten. Es war ein weiter Weg gewesen vom Kartoffelbefehl des Alten Fritz bis zur Einführung des eisernen Dampfrosses. Aber zu Ende war er noch lange nicht. In der Eifel, auch in Kyllburg, war man noch ein gutes Stück vom täglichen Fleischbraten entfernt. Bis weit ins 20. Jahrhundert hinein standen stattdessen die Grundbirnen am Anfang, in der Mitte und am Ende des Speiseplans. Oder um es mit einem historischen Gedicht zu sagen:

Morgens Brei
on Grumpere dabei,
meddags Zopp
on Grumpere dropp,
owens Mos
on Grumpere met Soß.

E battere Balsam

Es gibt Eifeler, die halten auch Batralzem für einen Ganztagsgenuss. Im Kochforum von *Spiegel Online* jedoch kennt jemand kein Erbarmen: »Fies und bei der Dorfjugend sehr beliebt, wenn es um Initiationsriten ging, war auch der sogenannte ›Batralzem‹. Ein ekelhaftes, mit Wermut versetztes Destillat, das wie eine Mischung aus Hustentropfen und nassem Hund schmeckt. Brrrrr ...« Ein anderer Tester geht sogar noch einen Schritt weiter, indem er schreibt: »Am nächsten Morgen erwachte ich mit einem seltsamen Geschmack im Mund. Es war, als hätte mir jemand die Schleimhäute mit Unkrautvernichtungsmittel eingesprüht.«

Man kann das sicherlich auch weniger drastisch ausdrücken, aber sagen wir so: Batralzem ist nicht jedermanns Sache. Selten wurde das Wort »bitter« so bitterernst genommen wie bei der Entwicklung dieser regionalen Besonderheit. Klar, auch andernorts ist man stolz auf sein lokales Schnäpschen. Manche Alkoholika werden gehandelt wie Kulturgut, mit EU-Schutzmarke und allem Pipapo. Andere schräge Kurze beschränken sich auf ein paar wenige Kneipen, in denen der Stammgast sie wie ein heiliges Wässerchen konsumiert. Ob das Zeug wirklich schmeckt, ist dabei völlig nebensächlich.

In einer norddeutschen Spelunke trank ich einst »Ostfriesische Bohnensuppe«, wie die Wirtin ihren Aufgesetzten nannte. Er bestand aus Korn, in dem aufgedunsene, grau angelaufene Rosinen schwammen. Der Sud sei so belebend, dass der Wirtin Großmutter damit jeden Morgen gegurgelt und sodann ihrem Gatten die Glatze eingerieben habe. In einer Kneipe Cuxhavens wiederum schwört man auf ein Getränk namens »der Gehängte«. Dabei lappt eine brutal salzige Dosensardelle in ein Glas mit Wacholderschnaps. Das Ritual verlangt vom Trinker, die Sardelle zunächst einzuschlürfen und vorzukauen, um diesen Fischpürree danach mit dem Wacholder herunterzuspülen. »Die Sardelle macht den Wacholder trinkbar. Und der Wacholder die Sardelle essbar«, erklärte mir mein damaliger Thekennachbar. So konnte man das, mit ein wenig gutem Willen, sehen.

Das Geheimnis des Batralzem beginnt mit seinem seltsamen Namen. Der Kyllburger Künstler und Satiriker Helmut Schwickerath kennt aus seiner Kindheit die folgende Erklärung: »Das Wort ist eine Zusammenziehung von ›bitter‹ und ›Balsam‹. Das ›i‹ in ›bitter‹ wird ja bekanntlich in unserer Mundart wie ›a‹ ausgesprochen. Wenn Du dieses kräftigende Getränk an der Theke bestellst, sagst Du: ›E battere Balsam‹. Sprich das mal schnell aus mit einer Zunge, die schon etwas schwer im Mund liegt, dann landest Du bei ›Batralzem‹.«

Ungefähr jedenfalls, könnte man hinzufügen. Andere Quellen besagen, in Batralzem seien das lateinische »aloxinum« (=Wermut) und das germanisch-deutsche

»bitter« verschmolzen. Aber auch dafür muss man sich wohl vorher den ein oder anderen genehmigt haben.

Von »Schwick«, wie man ihn in der Region nennt, stammt auch das weltweit einzige Gedicht auf diesen Drink. Es handelt vom Kyllburger Johann, der die Sorgen der Mutter ignoriert und mit dem Messer in der Hose zur Kirmes ins Nachbardorf zieht. »Don't take your guns to town, son«, heißt die Variante von Johnny Cash. Bei Schwick geht das so:

»He, Wirt«, schrie er, »sei nicht so klott!
Sieben Batralzem, aber flott!«
Der scharfe Balsam macht' ihm Mut,
er murmelte: »Ja, das tut gut!«
Schon stieg die Kraft in seine Lenden,
ein Zittern spürt' er in den Händen
und seine Augen blickten starr
zur Nachbarin Veronika.

Es kommt, wie es kommen muss: Johann wird in Händel verwickelt. Er begeht einen Mord und flieht in den Wilden Westen Amerikas, wo er sich als Auftragskiller verdingt. Das Schicksal ereilt ihn schließlich in Gestalt eines Fremden. Nach einem letzten Batralzem erwischt ihn die tödliche Kugel:

Halbtot verschlug es ihn zu Boden.
Es zuckten kaum noch seine Hoden,
doch seine Lippe sprach verstört:
»Hätt' auf die Mutter ich gehört.«

Wer sich für die alkoholischen Spezialitäten der Eifel interessiert, landet schnell beim Viez, dem Apfelwein. Aber den gibt's auch anderswo, gern verfeinert zum Kovi (mit Kola) oder Livi (jetzt raten Sie mal!). Nur in der Eifel bekommt man einen Obstler aus der Nelchesbirne. Roh ist dieses an mächtigen Bäumen wachsende Obst ungenießbar. Destilliert wird ein feiner Brand daraus. Nichts jedoch ist so speziell wie der Batralzem. Meine erste Bekanntschaft mit ihm stammt von einer Motorradtour durch die Südeifel. Ich weiß nicht mehr genau, wo wir des Abends gelandet waren. Der Wirt der Dorfschänke hatte uns auf seinen Batralzem aufmerksam gemacht und offenbar Spaß daran, dass wir Spaß daran hatten. »When I think of all the good times that I wasted having good times«, sang Eric Burdon einst. Und er meinte damit solche sinnlosen, mutwillig verschwendeten, großartigen Abende wie jenen, den uns der Batralzem bescherte.

Ziel des nächsten Tages sollte das Luxemburger Müllertal sein, ein von zahllosen geschwungenen Kurven durchzogenes Bikerparadies. Stattdessen jedoch kamen wir nur bis Echternach. Länger als eine halbe Stunde waren wir sicher nicht unterwegs gewesen. Der Batralzem wütete in unseren Ganglien wie ein Presslufthammer. Unsere Köpfe drohten den Helm zu sprengen. Wortlos stiegen wir von unseren Maschinen und verständigten uns mit elenden Blicken darauf, dass wir einen Tag Pause nötig hatten. Bitter nötig!

In der südlichen Eifel, so liest man, war Batralzem nicht zuletzt bei den Jägern beliebt. Dass dieser Balsam eine ruhige Hand mache, glaubte ich sofort. Und ein paar Gläschen mehr, wusste ich nun, sedieren dich ganzkörperlich. Jahrelang machte ich nach jener Motorradtour einen großen Bogen um das Getränk. Schon der Geruch aktivierte meine inneren Alarmglocken. Lass die Finger von dem Zeug, Bernd, es wird dich umbringen, läuteten sie. Erst in Kyllburg, erst durch unser Eifelhaus wurde mir der Batralzem wieder zum Freund.

* * *

Letztendlich handelt es sich beim Batralzem um einen klassischen Aufgesetzten. Viele Szenekneipen haben heute wieder Absinth im Regal und damit einen nahen Verwandten des Balsam. Denn jener wie dieser wird mithilfe von Wermutkraut hergestellt. Während Batralzem jedoch bislang auf die südliche Eifel beschränkt blieb, avancierte Absinth bereits im 19. Jahrhundert zum Modegetränk. Bohemiens und Künstler von Baudelaire über Verlaine bis Gauguin frönten der »Grünen Fee«. Das Ritual: Über ein Glas mit Absinth wird ein perforierter Löffel gehalten, in dem Würfelzucker liegt. Träufelt man sodann Wasser über den Zucker, sickert dieser allmählich durch den Löffel ins Glas. Der eigentlich klare Schnaps verwandelt sich dabei in ein kristallgrünes Liquid. Das man allerdings mit einigem Recht auch »giftgrün« nennen könnte. Denn Wermutkraut enthält das Nervengift Thujon, weshalb der Schnaps dann auch beinahe das komplette 20. Jahrhundert über verboten war. Manche Biografen behaupten, van Gogh habe sich sein Ohr im Absinthrausch abgeschnitten. Dass Wermut des Teufels sei, lehrt uns auch die Rede vom »Wermutstropfen«. Und es steht sogar schon im Buch der Bücher: Das vermaledeite Kraut, so die Bibel, erblickte das Licht der Welt auf jenem Weg, den die Schlange bei der Vertreibung aus dem Paradies nahm.

Um dem Batralzem einmal investigativ auf die Spur zu kommen, machte ich mich auf den Weg nach Niederweiler. Der winzige Ort liegt westlich von Kyllburg, auf halber Strecke gen Luxemburg. Seine Brennereidichte ist rekordverdächtig: Auf gerade einmal hundert Einwohner kommen drei Schnapsdestillen. In der Brennerei Hahn war die Altbäurin für die Herstellung des Batralzem zuständig. Das Rezept war ihr von einer örtlichen »Kräuterliese« übertragen worden: eine »winzige Frau mit Dutt«, die im alten Försterhaus wohnte und 94 Jahre alt wurde.

Ein Hauch Zauberei schien übergegangen zu sein auf die Erbin. Auch sie konnte den Entstehungsprozess nicht mit reiner Logik erklären. Wermut, so erfuhr ich, geht nicht überall an. Die alte Liese habe einen wunderbar üppigen Strauch im Garten gehabt. Ein paar Meter weiter jedoch gedeihe das Kraut schon nicht mehr. Ihre eigenen Sträucher hütete Frau Hahn wie ihre Kinder. Die müssen täglich gepflegt werden, erklärte sie, mit denen redet man oder schickt ihnen zumindest hin und wieder einen fürsorglichen Blick. Sonst wird das nichts mit dem Aufgesetzten.

Auf manchen okkulten Internetplattformen wird behauptet: Wermutkraut müsse in einer Vollmondnacht geerntet werden, im Straßengraben und von einer Jungfrau. Die Kräuterfrauen von Niederweiler betrachteten die Sache kaum weniger druidisch: Der Mond, so Frau

Hahn, solle im Zunehmen begriffen sein und die Ernte unter der Mittagssonne erfolgen. »Irgendwann im Frühsommer« müsse es geschehen, aber für den genauen Tag brauche sie keinen Kalender: »Das spüre ich einfach.« Was außerdem stimmen muss, ist die Stimmung. Nur wenn ihre Laune danach sei, setze sie den Batralzem an, sagte Frau Hahn. Und nur unter dieser Bedingung gelinge er auch.

Die Basis des Batralzem kann Korn oder Obstler sein. In Niederweiler verwendete man den selbstgebrannten Einfachen, also den Obstler auf Apfel-Birne-Basis. Vielerorts werden die Wermutpflanzen zuvor getrocknet. Aber die färben den Schnaps dann nicht so markant braun ein und müssen durch Farbstoffe ergänzt werden. In Niederweiler kam deshalb nur frischer Wermut in den Schnaps. Sowohl die Blätter als auch ein Ästchen mit noch geschlossenen Knospen fügen dem Alkohol die Batralzem-typischen Bitterstoffe zu. Wie die Ernte, so unterliegt auch die Lagerung gewissen Regeln, die nicht allein wissenschaftlich zu erklären sind. Während der Reifezeit müssen die Flaschen an einem sonnigen Plätzchen stehen, darauf bestand Frau Hahn. Keinesfalls ersetze eine Heizung den Fixstern, das schade dem Endprodukt. Außerdem müssen die Flaschen täglich geschüttelt werden. Mit Kennerschaft und Liebe, versteht sich.

Um den Worten seiner Mutter einen gewissen Nachdruck zu verleihen, hatte Sohn Andreas eine Pulle aus dem Keller geholt. Gläser waren schnell herbeigeschafft, und so verkostete ich morgens um 11 den Hahn'schen Batralzem. Und tatsächlich: Wer diesen

Zaubertrank einmal genoss, der spart sich fürderhin die industriellen Magenbitter. Ramazotti mag ein guter Sänger sein, aber als Drink hat er ausgedient.

Dass es einen im besten Sinne des Wortes »schüttelt« nach einem Batralzem, müsse kein Nachteil sein, erklärte Frau Hahn. Im Gegenteil: Wie beim Niesen Fremdstoffe ausgestoßen werden, so könne man auch das Ab-Schütteln durchaus als heilsam verstehen. Schon unseren Vorfahren galt Wermutkraut als Heilpflanze. Die alten Ägypter (und unter der Hand auch manche Eifeler) schworen auf Wermut als eine Art antikes Viagra. Das Kraut war der Fruchtbarkeitsgöttin Bastet geweiht und galt als libidofördernd. Sein vorrangiges Tätigkeitsfeld jedoch ist der Magen-Darm-Trakt. Wermut lindere Bauch- und Menstruationsschmerzen und fördere die Verdauung, heißt es. »Was dem Munde bitter, ist dem Magen süß«, sagte die Niederweiler Kräuterliese gern. Ihre berühmte Kollegin Hildegard von Bingen beschrieb in ihren Büchern zudem die positive Wirkung der äußerlichen Anwendung. Dass mittelalterliche Schriften wie ihre bis heute erhalten sind, verdankt sich möglicherweise demselben Mittelchen: Ein Tropfen Wermutextrakt in der Schreibtinte, wussten Experten, unterbindet den Mäusefraß.

* * *

Wir waren bei der zweiten Probe angelangt. Was aus dem legendären Strauch der Kräuterliese geworden sei, wollte ich wissen. Da seien nach ihrem Tod junge Leute eingezogen, erfahre ich. Die hätten den Garten umgestaltet und den Strauch entfernt. Vermutlich wäre er ohne die magische Pflege der Liese sowieso eingegangen.

Über Niederweiler waren tiefgraue Wolken aufgezogen. Dunkelheit hatte sich über die sattgrünen Felder gelegt, die Blätter der Nelchesbäume flatterten im Gewitterwind. Kein Tag für die Wermuternte, aber ein guter Zeitpunkt für ein weiteres Pröbchen, meinten die Hahns. Zum Abschied bekam ich eine ganze Flasche mit auf den Weg. Ein Ästlein schwamm im hellbraunen Nass, kleine Knospen streckten sich wie samtene Fühler zu allen Seiten aus. Zuhause, sagte ich mir, werde ich ihnen ein bisschen Luft verschaffen. Der Batralzem hatte mich wieder.

Meine Eiche heißt Stahl, meine Buche Beton

»Warum machst du das überhaupt?«, fragte mich ein Freund aus der Stadt. »Warum kaufst du dir ein Haus, obwohl du für das Geld bei jedem Besuch bis ans Ende deines Lebens die Kaisersuite des *Eifeler Hofs* mieten könntest?«

Die Frage traf mich wie Stanniolpapier einen wunden Zahn. Mitten in meine Zweithaus-auf-dem-Land-Besitzer-Euphorie war sie geplatzt. Eine hinreichende Antwort darauf zu finden, würde nicht einfach werden. Zunächst versuchte ich es auf die weiche Tour: »Weil uns diese Hintertür in die Natur jederzeit offenstehen soll. Weil der Mensch hin und wieder Abwechslung braucht. Und weil ...«

»Schwätz dir keinen Knoten in die Zunge«, unterbrach mich der Freund.

»... und weil wir gerade das Geld über hatten«, setzte ich trotzig nach.

»Und als Nächstes kaufst du dir von deiner herumlungernden Wohlstandskohle eine Harley, bretterst den Highway 66 runter und wimmerst ›Born to be wild‹ unterm Integralhelm?«

»Ist ja gut«, antwortete ich ein wenig resigniert. Das Wort »Midlifecrisis« stand nun so groß im Raum, dass ich keine Chance hatte, es unauffällig auszuradieren.

Die Fakten lagen klar auf dem Tisch. Ich war fünfzig Jahre alt und meine Existenz gesichert, wie man so schön-schrecklich sagt. Die Kinder waren aus dem Haus, auch wenn sie noch den ein oder anderen Euro kosteten. Aber durch ihren Auszug waren Zeitfenster aufgegangen, die man irgendwie füllen musste. Oder existenzieller ausgedrückt: Das Leben hatte Löcher bekommen, die gestopft werden mussten. Einer der Flicken, die sich in solch einer Krise bewähren, heißt Haustier. Der andere Wochenendhaus. Und eine Katze hatten wir ja schon …

Es ist, als legte man sich einen eigenen Hindernisparcours an: Gerade aus dem Gröbsten raus, wirft man sich schon wieder ins Unbehauene, ins schwierige Gelände. Gerade noch drohte der Stillstand, und nun geht alles wieder seinen Gang – fast wie vorher: Statt Windeln wechselt man Steckdosen, statt Hausaufgaben kontrolliert man Sicherungen, und statt mit Lehrern diskutiert man mit Handwerkern. Die Lebenslöcher sind vorerst gestopft, der Motor läuft weiter. Der feine Sand des Alterns wird sich noch früh genug in alle Getriebe setzen.

* * *

Wer sich ein Landhaus zulegt, kennt auch die zweite Frage, die früher oder später gestellt werden wird: »Und wann ziehst du da ganz hin?« Wie die Sache mit dem Warum ist sie nicht ganz leicht zu beantworten. Und genau wie jene nervt sie auch ein bisschen.

Es war derselbe »Freund«, der sie mir stellte. Und weil ich in jenem Moment nicht mehr ganz nüchtern und obendrein gut in Fahrt war, hieb ich ordentlich auf die Zwölf: »Niemals werde ich permanent in die Eifel ziehen. Meine Eiche heißt Stahl, meine Buche Beton. Ich bin ein Großstadtkind! Und das ist, um mit einem ehemaligen Berliner Oberbürgermeister zu sprechen, auch gut so.«

»Pathetischer, kleiner Postpunk«, sagte der Kumpel und grinste mich über den Rand seines Glases an. Aber ich war nicht mehr zu stoppen: »Ich will vom kaugummiübersäten Bürgersteig über die große, schmutzige Kreuzung ins Kino gehen, bevor ich schräg gegenüber in eine der zwanzig Kaschemmen falle, die alle keine Sperrstunde kennen und mich irgendwann morgens um sechs aus der Tür ins grelle Geflacker des Berufsverkehrs spülen. Nicht jeden Tag, klar. Aber zumindest die Option möchte ich täglich haben. Der Hahnenschrei am Morgen, das Blöken der Kühe und Rascheln der Bäume – habe ich nichts dagegen. Tolle Erfindung, diese Natur. Aber wenn das alles wäre, wäre alles nichts. Ich würde das Quietschen der Straßenbahn genauso schnell vermissen wie den Lärm der Presslufthämmer und das Gegröhl der Menschenmenge vorm Stadion. Duftende Wiesen und harzige Wälder sind das eine. Aber was sind sie wert ohne die olfaktorischen Insignien der Metropole? Der Geruch von dampfendem Asphalt, im Sommer nach einem Regenguss, ist ein Versprechen. Der Muff, der aus dem U-Bahn-Schacht nach oben quillt: Spannung, die im wahrsten Sinne der Worte ›in der Luft liegt‹. Stadt ist die gebändigte Version von Natur, sagt der Soziologe. Aber Stadt ist auch die künstlich-kunstvoll gesteigerte Variante. Lodernde Nervosität statt windstiller Ruhe, mit anderen Worten: Ein Hochstand ersetzt keinen Wolkenkratzer und eine Schafherde kein Heavy-Metal-Konzert.«

Der Freund sah mich spöttisch an. Wer alles will, läuft Gefahr, gar nichts zu bekommen, sagte er sinngemäß. Und dass er sich da doch eher jene Menschen lobe, die den Mut besäßen, sich zu entscheiden. Die ihre schick renovierte Altbauwohnung im Szeneviertel kündigen und ins Zweihundert-Seelen-Dorf ziehen.

Der versteckte Vorwurf machte mich nachdenklich. Diese auf links gedrehten Städter, die den Cursor mit der Forke vertauschten: Waren das nicht die Allerschlimmsten? Der Stadtflüchtige ist ein Bekehrter, der sich nicht selten als Bekehrer gebärdet. Vor ein paar Wochen hat er vielleicht noch mit Aktien gehandelt und die Leute beschissen. Plötzlich jedoch muss alles »Fair Trade« sein. Die Götter Bio und Öko ersetzen die Dreifaltigkeit aus Kohle, Kommerz und Kapitalismus. Aber die alte Intoleranz ist geblieben: Wer ihm nicht nachfolgt im neuen Glauben, der taugt nichts.

In Kafkas berühmter Erzählung »Die Verwandlung« wird ein Mann über Nacht zum Käfer. Gregor Samsa kann sich nicht dagegen wehren, der Arme, und die Sache geht auch nicht gut aus. Die verwandelten Städter mit dem Ökofimmel sind Kafkas Käfer nicht unähnlich. Zwar haben sie freiwillig beschlossen, sich fortan wie ein manischer Maulwurf durch die Scholle zu wühlen. Aber die Mutationen, die sie dabei durchmachen, sind furchterregend. Sie springen vom Lackschuh in den Gummistiefel wie Krieger in den Knobelbecher. Der Blaumann wird ihnen zur Uniform, der Acker zum Schützengraben. In ihren groben Wollpullovern riechen sie übler als jeder mittelalterliche Schweinehirte, aber sie sind stolz auf ihr neues, herbmännliches Deo. Gestern noch haben sie sich beim Italiener über die Nudel im Espresso beschwert. Und heute schwärmen sie von den Proteinen, die dir die Made im Salat liefert.

Nicht anders die Gattinnen dieser wahnhaften Wendehälse.

Wenn die ehemals perfekt manikürte Marketingdame plötzlich mit erdschwarzen Fingernägeln herumläuft, wird es heikel: Seht her, ich habe im Garten gearbeitet. Mit bloßen Händen habe ich den Giersch bei der Wurzel gepackt und ausgerissen, auf dass hier demnächst meine altdeutsche Rauke gedeihe. Unseren Kanalanschluss haben wir gekappt, was denkst du denn. Wir kompostieren jetzt, Radieschen und Radicchio sagen danke. Glaubt mir, man geht ganz anders aufs Klo mit dem Gedanken an die Ernte. So läuft sie umher, ganz gravitätische Landfrau. Aber bemerkt sie dabei ihren irren Blick? Diesen fanatischen Enthusiasmus, der ihr aus dem Gesicht spritzt wie die Jauche aus dem Güllefass?

Wie diese Menschen früher den Regen verfluchten, so bejubeln sie ihn jetzt. Bauernweisheiten gehen ihnen so flüssig über die Lippen wie einst die Börsenkurse. »Nasser Mai schafft Milch herbei«, sagen sie und stampfen in ihrem selbstgeküferten Butterfass herum, als gäbe es kein Morgen. Im Büro mögen sie widerwillig in unzählige Ärsche gekrochen sein. Nun jedoch verbringen sie ihr halbes Leben ohne zu murren auf

Knien. Der Feind heißt nicht mehr Chef (oder Kollege), sondern Unkraut. Und wer ihnen erzählt, dass die Stange Breitlauch im Supermarkt nur 39 Cent kostet, erntet Kopfschütteln. »Denn was der Neubauer nicht selbst aus der Erde zog«, schloss ich meine Tirade, »das frisst er auch nicht.«

»Gut gegeben, mein Lieber«, sagte der Freund und: »Fühlst du dich jetzt jünger?«

Nach fest kommt ab

Am nächsten Tag stand Thorsten in der Tür. Mein alter Sachensucher-Kumpel sollte uns einen Küchentisch bauen. Nach unserer gemeinsamen Runde mit den Müllsäcken wusste ich im Grunde, worauf ich mich da eingelassen hatte. Bevor Thorsten Maß nahm, fixierte er unverhohlen die Espressokanne.

»Möchtest du erst mal einen Kaffee?«, fragte ich also.

»Da sag ich nicht nein«, sagte Thorsten.

Eigentlich waren wir vor zwei Stunden verabredet. Nun kletterte bereits die Sonne übers Haus. Thorsten verlor kein Wort über seine Verspätung, stattdessen sank er ächzend auf einen der Küchenstühle. Ich schraubte das Oberteil der Kanne ab, füllte den Kessel mit Wasser und den Trichtereinsatz mit Kaffeepulver. Thorsten hatte derweil seinen Zollstock auf der Fensterbank deponiert. Jenseits seines Blickfelds, nach hinten weg. Seine Augen schweiften über den Hügel gen Malberg.

»Wenn du mich fragst«, hob er an. Und stockte für einen Moment, als überlegte er, wie er sein Anliegen einem wie mir erklären könne. »Wenn du mich fragst, sind unsere Lokalpolitiker die größten Esel vor dem Herrn.«

Die folgende Pause hing schwer in der Luft. Thorsten schnaufte verächtlich, sein Blick heischte Zustimmung. Erst als ich gehorsam die Stirn runzelte und kritisch nickte, redete er weiter.

»Drüben in Malberg zum Beispiel. Da haben sie das Kopfsteinpflaster in den Siebzigern überteert, weil da gab's Fördermittel für. Jetzt legen sie die Katzenköpfe wieder frei, und das wird auch wieder von der Denkmalschutzbehörde unterstützt.«

Thorsten hob die Stimme: »Von unserm Geld, verstehst du. Die gehör'n doch eingesperrt! Steine an die Füß und ab ins Baggerloch, wenn du mich fragst. Aber mich fragt ja keiner«, sagte Thorsten.

Vielleicht auch gut so.

Als ich ihm die dampfende Tasse hinstellte, hatte er längst die Flasche Batralzem entdeckt. Die hatte ich gestern erst von den Hahns bekommen. Als Zeichen meiner Verbundenheit mit der Region sollte sie die Glasvitrine im Wohnzimmer schmücken.

»Weißt du was«, sagte Thorsten, »zur Feier des Tages trink ich den Kaffee mit 'nem Schüsschen.«

Keine Ahnung, was Thorsten zu feiern hatte. Vielleicht diesen entspannten Job bei den Kölnern. Schnell hingegen lernte ich, was unser Schreiner unter einem Schüsschen verstand. Die auf kleine Mengen ausgelegte Espressokanne hatte seine Tasse kaum zur Hälfte gefüllt. Nur konsequent also, dass er den leeren Raum mit meinem Batralzem betankte. Thorsten verrührte seinen Cocktail und genehmigte sich einen kräftigen Schluck. Den Moment des Trinkens nutzte ich für einen konstruktiven Einwurf:

»Wir dachten also daran, den Küchentisch genau in die Flucht des großen Fensters zu stellen, um beim Essen möglichst viel natürliches Licht zu haben.«

Thorsten räusperte sich, setzte die Tasse ab und schälte sich das strähnige Resthaar in den Nacken.

»Ist das der Batralzem von Berger oder der von Werhan?«

Das Etikett hatte ich abgeschwemmt, um die Flasche archaischer aussehen zu lassen.

»Von Hahn aus Niederweiler«, antwortete ich.

»Hab ich's mir doch gedacht«, sagte Thorsten, »wenn du mich fragst: Das ist der beste!«

Geschmeichelt nahm ich meine Flasche in die Hand. Als sich unsere Blicke kreuzten, kam mir Sir Toby in den Sinn, der nimmersatte Schluckspecht aus dem *Dinner for one*. Nur ein kurzer Moment der Klarheit hielt mich davon ab, Thorsten mit einer servilen Verbeugung nachzuschenken.

Der Kyllburger Pastor Christian Müller beschrieb seine Schäfchen gegen Ende des 19. Jahrhunderts als »urgemütlich, ruhig und bedachtsam in ihren Unternehmungen.« Zur selben Zeit diskutierte man im Deutschen Reichstag immer wieder über das Armenhaus Eifel. Nicht wenige Abgeordnete hielten das Elend für selbstverschuldet – der Eifeler an sich sei »träge« und lege »die Hände in den Schoß«, wenn er nicht gerade bete. Zumindest die von Pastor Müller erwähnte Bedachtsamkeit fand ich in Thorsten unbedingt wieder. Eine gute Stunde war inzwischen vergangen, ohne dass er seinen Zollstock auch nur noch einmal angerührt hätte. Einen ausgeprägten Sinn für Gemütlichkeit schien er ebenfalls zu besitzen. Die Füße auf einem zweiten Stuhl, sog er genüsslich an seinem Gespritzten, der Dank entschlossenen Nachkippens inzwischen aus purem Schnaps bestehen musste.

Nur ruhig, im Sinne von schweigsam, war Thorsten nun wirklich nicht.

»Ich sage immer: Man muss erst mal was geleistet haben, bevor man das Maul aufreißt. Ich hab schon mehr Tische gebaut als andere Leut Scheiße. Aber mein Chef meint immer, er wüsste alles besser. Ich sach noch, Herbert, mit der Kiefer aus'm Saarland kriegen wir nur Ärger. Die ist nicht vernünftig getrocknet. Und prompt zwei Wochen später kommt die Reklamation vom Kunden, seine Tischplatte wär an fünf Stellen geborsten. Überall längliche Risse von den Stirnseiten her, verstehst du, da sammeln sich dann die Brötchenkrümel drin. Und Wurstreste. Irgendwann pickt deine Frau die Maden aus der Fuge, als wär's 'ne Herde Spiralnudeln. Und dann hast du den Salat. Wenn du mich fragst: Einen würd ich noch nehmen. Und dann schaun wir mal.«

Der letzte Satz machte mir Hoffnung. Thorstens Arbeitseifer schien erwacht. Das musste ich ausnutzen:

»Andererseits sollte der Tisch nur so weit in den Raum ragen, dass der Durchgang zur Küchenzeile bequem passiert werden kann.«

Aber Thorsten hob seine freie Hand und winkte ab. Gerade in der Planungsphase, erklärte er mir, sei es wichtig, nichts zu überstürzen. Außerdem seien wir hier in der Eifel und Städter viel zu ungeduldig: »Du weißt doch, Bernd: Nach fest kommt ab.«

Dass wir schon irgendetwas geplant hätten, war mir ein ganz neuer Gedanke. Aber ich konnte ihm nicht lange folgen: »Soll die Katze ins Sägemehl kacken, musst du vorher den Fuchsschwanz dir packen. Das hat mein alter Meister immer gesagt, ein echter Typ war der. Wenn mich einer hetzt, kriegt er krumme Bretter. Das ist wie wenn einer vor mir aus der Kneipe geht. Mag ich auch nicht. Fühlt sich an wie 'ne Backpfeife, so: Ich weiß, wann's Zeit ist zu gehen, und du nicht, du Säufer! Dann bleib ich immer extra noch länger, bis der Letzte weg ist. Passiert mir oft.«

Draußen stand die Sonne nun knapp überm bewaldeten Kamm. Wie ein Glorienschein hatte sie sich um die Spitzen der Bäume gelegt. Aber schon mischte auch Rot mit im gleißenden Licht. Als ich eine Kerze anzündete, schien Thorsten missbilligend den Kopf zu schütteln. Als hätte ich es versäumt, zuvor seine Erlaubnis einzuholen. Vielleicht deshalb ging er nun dazu über, sich den Schnaps eigenhändig einzugießen. Ob er von meiner Anwesenheit noch Notiz nahm, war schwer zu beurteilen. Kaum einmal stieg sein Blick aus der Tasse, deren öligen Inhalt er ohne Unterlass um sich selbst schwappen ließ. Ich musste wohl davon ausgehen, dass es mit dem Tisch heute nichts mehr werden würde.

»Mich wollte mal eine heiraten«, sagte Thorsten wie zu sich selbst. »Die kam aus Mohrweiler. Mohrweiler!«

Thorsten dehnte den Namen wie einen tagelang von fauligen Zähnen durchwalkten Kaugummi.

»Da oben aufm Berg, da gibt es gar nichts. Keine Kneipe, nicht mal 'nen Laden. Stell dir nur mal vor, du willst abends 'ne Bifi essen. Und ich hab nach der Schicht öfters Hunger auf 'ne Bifi. Eigentlich jeden Abend. Aber wenn du in Mohrweiler wohnst, musst du für sone Salami eine Ewigkeit fahren!«

Ich war noch nie in Mohrweiler gewesen, dem auf einer windigen Hochebene gelegenen nördlichen Nachbardorf. Aber schenkte ich Thorsten Glauben, hatte ich wohl nichts verpasst.

»Allein für das verfahrene Benzin krieg ich schon 'nen ganzen Sechserpack Bifis. Ich bin da echt ein Fan von, verstehst du. Ich finde auch: Ne Kneipe ohne Bifis taugt nix. Nur Nüsschen ist zu wenig als Angebot. Und Nüsschen musst du immer mit den anderen Thekenheinis teilen. Ne Bifi nicht, wenn du da einmal von abgebissen hast, will die keiner mehr. Zu Hause häng ich mir die Sixpacks an 'nen alten Kleiderständer, meinen Bifibaum nenn ich den. Und wenn der leer ist, werd ich echt unruhig, na ja. Die Frau aus Mohrweiler wollte jedenfalls, dass ich dann mit zu ihr zieh, wenn wir heiraten. Und da hab ich nein gesagt.«

Unten im Kylltal rollte die stündliche Eifelbahn gen Trier. Zum wievielten Mal schon, seit wir hier saßen? Der besagte Pfarrer Müller bescheinigte dem Eifeler ein ausgeprägtes »Phlegma«, auch sei er »an Ordnung nicht zu gewöhnen – ad libitum« laute sein Wahlspruch, also »nach Gutdünken, nach Belieben«.

Thorsten beliebte es, meinen Batralzem nun ohne Umweg aus der Flasche zu trinken. Anscheinend machte das Zeug rührselig: »Als ich klein war, bin ich immer mit meiner Mutter zum Zahnarzt. Der war ein Ungar. Und soviel Angst ich auch hatte vorm Bohren: Ungar fand ich toll. Da kam nämlich die Piroschka her, das Mädel mit den nackten Füßen. Aber noch besser war die große Schatzkiste von dem Arzt. Die war voll mit kleinen Spielsachen: Luftballons, Cowboyfiguren, Matchboxautos, manchmal auch 'ne Tube Seifenblasen. Da durfte man sich nach der Behandlung immer ein Teil rausnehmen. Weil man so mutig gewesen war.

An dem Tag lag da ein Roulettespiel drin. Also so ein heiermanngroßer Kreisel mit 'ner Plastikkugel und 'nem Ziffernblatt von Null bis Sechsunddreißig. Das wollte ich unbedingt haben. Aber eben auch diesen Becher mit Slime. Du weißt schon, dieses grüne Glibberzeug, das du dir über die Hand laufen lassen konntest. Schleim halt, alle meine Kumpels hatten den. Ich sach mal: Zwischen Bitburg und Blankenheim war ich hundertpro der einzige Junge, der noch keinen Slime hatte. Tja, und dann hab ich halt das kleine Roulettespiel heimlich in die Hose gesteckt und der Zahnarzthelferin den Slimebecher vorgezeigt.

Schon als die mir über den Kopf streichelte, wusste ich, dass ich was falsch gemacht hatte. Und zu Hause hab ich meiner Mutter das dann gebeichtet. Also dass ich geklaut hatte. Und was die Mama dann gemacht hat, werd ich der niemals vergessen. Die hat nicht geschimpft, die hat nur gesagt: Dann kehren wir jetzt um, und du gibst denen eine Sache zurück.«

Thorsten wischte sich eine Träne aus dem Auge. »Eine Viertelstunde später standen wir also wieder vor unserem Zahnarzt. Meine Mutter hat nicht eher nachgegeben, bis der Herr Doktor Czaja persönlich aus seinem Behandlungszimmer kam. Ich hab dermaßen geheult.

Als ich dem das erzählt hab, war ich blind vor Tränen. Meine Mutter hat meine Hand gehalten, die linke. Und der Herr Czaja hat mir wie unter Erwachsenen die rechte gegeben und gar nichts gesagt. Nur meine Hand geschüttelt. Und dann sind meine Mama und ich wieder nach Hause, zum zweiten Mal an diesem Tag.«

Wie im Tran hatte ich mir selbst einen Schnaps eingeschüttet. Unser Esstisch war in weite Ferne gerückt, in jeder Hinsicht. Der Batralzem rüttelte mich wach genug, um zu erkennen, dass Thorstens Geschichte der Schluss fehlte.

»Und was, in Gottes Namen, hast du dem Zahnarzt zurückgegeben?«, fragte ich.

Thorsten blinzelte über den Rand seiner Tasse zu mir herüber und grinste: »Das blöde Roulettespiel natürlich.«

* * *

Thorstens Stimmung war umgeschlagen. Er schien meine Anteilnahme zu spüren und nahm deshalb auch ein wenig Anteil an mir – auf seine Art selbstverständlich: »Du weißt ja, Bernd: Handwerker machen keine Pausen, sie geben dem Werkzeug nur Zeit, sich zu erholen. Am besten, ich nehm jetzt noch 'nen Batralzem zur Brust, und dann bin ich durch die Tür.«

Thorsten schien sich aus dem Stuhl stemmen zu wollen, sackte dann aber wieder zurück. Er fasste sich an die Stirn und legte den Kopf auf die Brust.

»Mein Vater hatte ja am Ende beide Beine ab. Der hat zu viel geraucht, Rote Hand, zwei Schachteln am Tag. Bei uns zu Hause roch es immer wie in Onkel Toms

Hütte. Jedenfalls wie ich mir das so bei Onkel Tom vorgestellt hab.

Als er noch gut beieinander war, haben wir viel zusammen unternommen, mein Vater und ich. Einmal sind wir zur Autowerkstatt, da hat er sich ein Radio einbauen lassen. Wir hatten diesen Opel Kadett, einen gelben. Auf dem Kofferraum klebte ein Blumenstrauß: *Die CDU ist auch für Frauen da,* stand da drauf. Da hat sich meine Mama gefreut, als er irgendwann mit dem Aufkleber nach Hause kam. Vom Rücksitz aus durfte ich manchmal den Schaltknüppel in den zweiten oder vierten Gang drücken, ewig lang kam der mir vor. Und sehr schwer zu bedienen war er. Ich hab mir immer vorgestellt, dass nur mein Papa und ich es schaffen, mit dem zu schalten. Jedenfalls, der Mechaniker, der kriegte das nicht hin mit dem Radio. Der hatte Blut an den Händen, hat mir Angst gemacht. Da sind wir dann ins Dorf gegangen, in die Kneipe, und ich hab mein erstes Bier getrunken. Also nur so dran genippt, mein Papa hat schon gut aufgepasst, dass ich's nicht übertreib. Ich war ja auch erst fünf oder sechs, vielleicht.

Ich weiß noch, dass er mich auf dem Weg zurück zur Werkstatt auf den Schultern getragen hat. Das war, glaube ich, das letzte Mal, dass ich auf seinen Schultern saß. Ganz weit oben, da konnte man Ampeln ausreißen und Cowboys und Indianer spielen. Ich war Winnetou, und Papa war Iltschi. So sind wir zurück zur Werkstatt, und mein Papa hat gelacht, mit dieser heiseren, rauchigen Stimme.

Aber dann haben sie ihm die Beine abgenommen. Erst hieß es, nur das eine. Aber das Nikotin oder was steckte auch schon tief in dem anderen. Mein Vater hat sich immer geweigert, einen Rollstuhl zu benutzen. ›Mich schiebt keiner die Straße hoch‹, hat er gesagt. Und das bedeutete dann eben, dass er unser Haus nie mehr verlassen hat.

Als der Papa aus dem Krankenhaus kam, hat er sich in den Sessel vorm Fernseher gesetzt und ist nicht mehr aufgestanden. Außer für neues Bier, wenn er nicht gerade mich oder meine Mutter schicken konnte. Irgendwann stand unser Kühlschrank im Wohnzimmer. Und bald auch so ein beige-grauer Klostuhl. Den hat immer meine Mutter leergemacht.

Weiter geraucht hat er sowieso. Immer diese starke Mischung von den zwei Gerüchen, wenn ich aus der Schule kam und dem Vater einen Kuss gab: der Schnaps und das Kraut.

In seinem Sessel, mit der Decke überm Schoß, ist er dann auch gestorben. Und neben ihm lag der Zollstock. Gibt keinen besseren Flaschenöffner als 'nen Zollstock. Der Hebel: einmalig. Und hast du mal drauf geachtet, wie so ein Stubbikronkorken ploppt beim Öffnen? Son sattes Geräusch ist das, hast du vielleicht was zu futtern, Bernd? Ne Bifi womöglich?«

Thorsten schrammte am Kühlschrank vorbei, ohne ihn zu öffnen. Seinen Zollstock trug er wie eine Fackel vor sich her. Dann stand er in der Haustür. Überm Burgturm schien der Mond in halber, klarer Pracht. Ein amerikanischer Pick-up rollte den Hügel hinunter, seine Bremslichter bildeten zwei große, verschwimmende Fragezeichen. Thorsten sah ihnen nach und nahm die Hände vom Türsturz. Das Gefälle der Straße setzte ihn in Bewegung.

Kurz darauf meldete er sich noch einmal aus der Dunkelheit. »Morgen ist auch noch ein Tag, Bernd«, hörte ich ihn murmeln. »Wart's ab, dein Esstisch wird ein ganz feines Möbel. Den bauen wir nicht mit Holz ausm Saarland.«

»Ich esse dich!«

Wie die Einheimischen vom Fremden lernen können, so lernt auch dieser von jenen. Ein deutsches Wort, das den Sachverhalt wunderbar beschreibt: sich einleben. Ich schaue zu, ich schaue ab, ich akklimatisiere mich mit allen Sinnen. Ich lebe mich ein. Hier benutzt man beim Würfeln in der Kneipe Becher statt eines gemeinsamen Bretts? Kein Problem, das krieg ich hin. 4-2-1 ist beim Schocken kein Verliererwurf, sondern eine mit sieben Deckeln zu Buche schlagende »Jule«? Schön, merk ich mir.

Manche Unterschiede mögen marginal sein. Andere hingegen sollte man kennen, das kann Leben retten. In der Stadt etwa gelten Verkehrsregeln. An die hält sich sogar der 20-jährige Prolet mit dem tiefergelegten Audi TT. Warum? Weil er weiß, dass sonst der Heck- ganz schnell mal den Nackenspoiler überholt. Und dann ist nicht nur die Frisur hin.

Auf dem Land hingegen gilt nicht die Straßenverkehrsordnung, sondern das Gewohnheitsrecht. Unter anderem besagt es, dass es absolut kein Problem ist, mit 160 durch die geschlossene Ortschaft zu rasen. Man muss eben nur wissen, dass hinter dieser 90-Grad-Kehre die enge Stelle zwischen Kirche und Kindergarten folgt. Schon in der Pionierzeit des Automobils scheinen die Probleme dieselben gewesen zu sein. So dekretierte der Landrat Max von Kesseler im August 1905, nachdem es zahlreiche Unfälle gegeben hatte: »Die Fahrgeschwindigkeit darf bei städtisch angebauten Straßen 12 km die Stunde nicht überschreiten. Innerhalb der Ortschaften darf höchstens mit der Geschwindigkeit eines kurztrabenden Pferdes gefahren werden.« Die Strafen bei Zuwiderhandlung hatten es in sich: »60 Mark oder Haft bis zu 14 Tagen.« Aber geändert hat sich seitdem nichts Wesentliches.

Ganz eigene Regeln gelten auf dem Land auch für Überholmanöver. Summa summarum könnte man sagen: Dort regiert das Gesetz der Lichthupe. Einen Auswärtigen in der unübersichtlichen Rechtskurve mit kleinen Stupsern zum Ausweichen auffordern? Allerhöchstens ein Kavaliersdelikt. Ihn in den Entwässerungsgraben drängen, um noch vor ihm das Ortsschild zu erreichen? Eine Selbstverständlichkeit. Den Schleicher im röhrenden zweiten Gang durchs Dorf jagen? Völlig angemessen! Und wenn die Straße einen Radweg aufweist, mach es wie Marco Reus: links antäuschen, rechts vorbeigehen. Ob du einen Führerschein besitzt, ist dann auch egal.

Was schließlich gar keiner herkömmlichen Logik mehr folgt, sind die ländlichen Promillegrenzen. Wie es für Einheimische keine Speedlimits gibt, so auch keine in Sachen Suff. Als hier Geborener hat man grundsätzlich das Recht, auch vollkommen strack in sein Auto zu steigen. Die Busse fahren nur bis 18 Uhr, irgendwie muss man schließlich heimkommen! Die Trübung der Augen mindert ein finaler Schnaps, das eingeschränkte Reaktionsvermögen wird vom gesteigerten Selbstbewusstsein aufgefangen. Und Schlangenlinien vermeidet man am besten durch Vollgas.

Wie die Autofahrer, so ticken auch die Fußgänger anders. In der Stadt stehen Ampeln, die regulieren, wann und wie lange man eine Straße überqueren darf. Derartige Lichtzeichen sind auf dem Land jedoch rar gesät. Also einigt man sich per Augenkontakt und auf der Basis uralter Übereinkünfte. Eine von ihnen lautet: Betagte Mütterchen, die hier schon mit dem hölzernen Dreirad unterwegs waren, haben alle Zeit der Welt. Alterskrumme Greise, deren Runzeln die Eifeler Winde kerbten, haben jederzeit und überall Vorrang. Nach rechts und links zu schauen, ist ihnen erlassen. Und benötigen sie mitten auf der Straße ein wenig Verschnaufzeit, wird ihnen diese ohne Murren eingeräumt – selbst wenn sich der Verkehr bis ins Nachbardorf staut. Quert man als Neuling hingegen selbst die Straße, sollte man die Beine in die Hand nehmen. Wer die ungeschriebenen Gesetze nicht kennt, darf straflos überfahren werden. Schuld hat unter allen Umständen der Fremde.

* * *

Das Leben als Neubürger ist auf diesem Hintergrund zugleich reizvoll und eine Herausforderung. Wer nicht der ewige Fremde bleiben will, muss über seinen Schatten springen. Man möchte ja Anschluss finden, irgendwie dazugehören. Außerdem schadet es nichts, ein paar Handwerker kennenzulernen. Vor allem, wenn man ein altes Haus renoviert. Also setzt man ein Lächeln auf und gibt sich möglichst auskunftsfreudig. Sei es in der Apotheke, wo ich die Frau aus der Kneipe wiedererkenne, oder im Kebab-Grill, wo ich einen Nachbarn von drei Türen weiter entdecke: Stets gelingt es mir unterzubringen, dass ich nun Anwohner der Stiftstraße sei. Denn jeder dieser Menschen – sagen wir es frei heraus – ist ein potenzieller Schreiner, Klempner, Elektriker.

Mein Vorgehen hat etwas Spielerisches: Ich schlüpfe in die Rolle eines Anfängers und probiere mich aus. Manchmal mag ich alt aussehen dabei, aber im Grunde bade ich in einem Jungbrunnen: Ich bin der noch Ungetaufte, noch Uneingeweihte. Sobald ich jedoch jemanden treffe, der von außerhalb kommt, mache ich auf Eingeborener in zehnter Generation: »Sie wollen zur Mariensäule? Kein Problem, da gehen Sie hinterm *Eifeler Hof* beim alten Müller vorbei und nehmen den Pfad Richtung Mohrweiler. Und grüßen Sie den Pfarrer von mir, falls der gerade in den Brombeeren ist.«

Der Philosoph Heidegger zog eine Zipfelmütze auf, sobald er in Todtnauberg weilte. Das kleine Schwarzwalddorf liegt am Ende einer gewundenen Straße, rundum abgeschlossen von Bergen. Heidegger besaß dort eine einsam im Hang gelegene Holzhütte, in der ein Großteil seiner schwer verständlichen Werke entstand. Ging er jedoch hinunter ins Dorf, mutierte der Universitätsprofessor zum Landmann. Und die Mütze des Deutschen Michels diente ihm als äußerliches Zeichen seiner Integration.

Heideggers alberne Kopfbedeckung zeigt an, dass auch meiner Maskerade Grenzen gesetzt sind. Ist eben nur ein Kostüm, das ich trage, und darunter bin ich ein anderer. Der Neuling lebt in einem unauflöslichen Widerspruch: Er will ein Teil der Gemeinschaft sein und weiß zugleich, dass er dieses Ziel nie wirklich erreichen wird. Mein Freund Gary aus Irland gilt in seinem winzigen Dorf als »Blow-in«, als Herübergewehter, obwohl er direkt hinter dem nächsten Hügel aufwuchs. Und seine Kinder sind Sprösslinge eines verdammten Blowins, wie es deren Kinder auch dereinst sein werden.

Man will sich anpassen und wird doch jederzeit als Fremder erkannt – an der Sprache, am Habitus, am Tattoo, am fehlenden Tattoo. Strenggenommen lautet die Gleichung: Je bedingungsloser man sich anpasst, desto geringer die Chancen, je dazuzugehören. So stolz der Ländler auch auf seine Gepflogenheiten sein mag: Einen charakterlosen Wendehals, der schon am zweiten Tag aufgesetzter als ein Batralzem daherkommt, wird man nie in den erlauchten Thing-Kreis aufnehmen.

»Besuche machen immer Freude – wenn nicht beim Kommen, so doch beim Gehen«, schrieb Christian Morgenstern. Um vielleicht doch etwas länger bleiben zu können, werde ich mich also weder zu sehr aufplustern noch allzu willenlos unterwerfen. Gleichzeitig weiß ich jedoch: Passieren kann mir eigentlich gar nichts. Im Gegensatz zum Flüchtling fehlt meinem Neuanfang die existenzielle Notwendigkeit. Ich habe meine Heimat nicht verloren, sondern bin lediglich gewillt, sie hin und wieder gegen eine zweite einzutauschen. Ich bin hier nicht gestrandet, sondern habe mir den Ort frei ausgesucht. Und wenn es mir im Dorf zu eng wird, mach ich mich wieder für eine Weile vom Acker.

»Zurück zum Beton«, wie die Punkband S.Y.P.H. einst sang.

* * *

Und woran merkt man nun, dass man angekommen ist? Offenbar hatte ich mir in meinem Eifelort mittlerweile einen gewissen Status erarbeitet. Dass man sich nicht mehr nach mir umdrehte, betrachtete ich als eine Art Aufenthaltsgenehmigung. Hinter meinem Rücken wurde auch nicht mehr so oft getuschelt. Jedenfalls fiel es mir nicht mehr auf, und das ist schließlich auch ein Fortschritt. Hin und wieder zog ein altes Mütterchen noch die Gardinen zu, wenn ich an ihrem Haus vorbeikam. Aber die Rollläden blieben oben, so wild war das alles nicht mehr. Der *Brückenschänken*-Wirt machte mir Deckel, und die Handwerker soffen meinen Batralzem weg: Irgendwie, irgendwo war ich angekommen, keine Frage.

In Köln haben wir für Leute wie mich das Wort »Imi«. Die meisten Menschen, auch die Kölner, schreiben es falsch. Mit zwei »m« nämlich. Aber das Kürzel stammt nicht von Immigrant, sondern von Imitat. Ein Imi ist ein imitierter Kölscher. Klingt ein bisschen anmaßend, klar: Ans Original kommst du nie ran, Kleiner, du wirst uns immer nur imitieren können! Andererseits hat der Zugewanderte mit dem Prädikat Imi immerhin Stufe 2 erreicht. Er ist zwar noch keiner »von uns«, aber eben auch kein Fremder mehr. Zehn bis zwanzig Generationen später gehen seine Nachfahren dann als echte Kölner durch.

In ihrem großen deutschen Wörterbuch vermuten die Brüder Grimm noch, Gast habe sich aus dem Sanskrit-Wort »ghas« entwickelt. Im Sinne von: Der Gast wird gegessen, den Göttern zuliebe. Dazu passend lautet die Begrüßungsformel eines urzeitlich lebenden Stammes aus Neuguinea: »Ich esse dich!« Dieses Volk, so las ich, frönte dem Kannibalismus. Es nahm seinen Gruß also offenbar sehr wörtlich. Auch unsere Redewendung »Ich habe dich zum Fressen gern« gewinnt damit eine ganz andere Bedeutung.

»Selbst Feinden, die als Gäste zu uns kommen, muss die schuldige Gastfreundschaft erwiesen werden; der Baum beschattet mit seinen Blättern auch denjenigen, der ihn fällt«, heißt es im indischen Nationalepos *Mahābhārata*. Etymologisch belegt ist, dass die Worte »Gast« und »Fremder« von derselben Wurzel stammen. Und in jedem Fremden steckt – damals wie heute – ein potenzieller Feind. Der Gast als feindlicher Krieger: siehe etwa Dänenkönig Liudegast in den Nibelungen. Im Lateinischen kannte man die Bezeichnungen »Hospes« und »Hostis«. Beides heißt »der Fremde«, aber Ersterer ist der Gast, zweiterer der Feind. Englisch »host« und »hospitality«, aber auch deutsche Begriffe wie Hotel, Hostess, Hospital, Hospiz stammen davon ab. Vor allem Letzterer ist interessant: Das Hospiz ist der Ort, wo der (Erden-)Gast endet. Bevor er – von wem auch immer – vertilgt wird, siehe die Brüder Grimm.

Andererseits galt nicht alles Fremde von vornherein als schlecht. Den Gast als Bedrohung, als Eindringling zu sehen, mag einer Urangst entsprechen. Sie zu beruhigen, erfand man Rituale. »Der Sinn in den Gebräuchen der Gastfreundschaft ist: das Feindliche im Fremden zu lähmen«, schrieb Nietzsche ein wenig griesgrämig. In Kyllburg jedoch wusste man schon zu alter Zeit, dass es den einheimischen Wirten nur so gut wie deren Gästen geht: »Auch der Bäcker soll zuerst dem Herrn backen, dann den Wirten, damit man Brot bei ihnen finde«, heißt es im 1256 begonnenen Hochgerichtsschöffenweistum. Dementsprechend hatte 1913 eine Beschwerde der Kyllburger Hoteliers zur Folge, dass die Dampflokomotiven den Ort nur noch unter bestimmten Auflagen passieren durften. Man befürchtete, den Gästen ansonsten die Luft zu verpesten.

Um schließlich vollends die Kurve zu kriegen: Das Andere weckt nicht nur unsere Furcht, gefressen zu werden. Sondern stets auch die Neugier. Jeder Fremde birgt Geheimnisse, weil er aus einer unbekannten Welt kommt. Und manchmal erscheint er uns sogar als Abgesandter der Götter. Eine altgriechische Legende erzählt vom Bienenzüchter Hyrieus, der sich geschworen hatte, keine Kinder in die Welt zu setzen. Je älter er jedoch wurde, desto mehr reute ihn sein Gelöbnis. Eines Tages erschienen schließlich zwei Besucher vor seiner Hütte, es waren die verkleideten Zeus und Hermes. Sie rieten dem Hyrieus, einen Stier zu schlachten und ihm die Haut abzuziehen. Anschließend möge er darauf urinieren und das so benetzte Fell der Gattin ins Grab legen. Neun Monate später ward dem Greis ein Sohn geboren – Urion/Orion, zu deutsch: »der Wasser lässt«.

Es geht also auch anders mit den Anderen.

* * *

Die vielleicht fremdesten aller Gäste kamen zu Anfang des 19. Jahrhunderts ins Eifelland. Es war noch nicht einmal die Sprache, die sie von den Einwohnern unterschied. Sondern der Glaube. Die da kamen, diese Preußen, waren Protestanten!

»Mir missfiel dieses philosophisch-christliche Soldatentum, dieses Gemengsel von Lüge und Sand. Widerwärtig, zutiefst widerwärtig war mir dieses Preußen, dieses steife, heuchlerische und scheinheilige Preußen, dieser Tartuffe unter den Staaten«, schrieb der Rheinländer Heinrich Heine im Jahr 1832. Durch den Wiener Kongress war die erzkatholische Eifel 1815 preußisches Territorium geworden. Wenn auch eher unfreiwillig. Die Verhandlungsführer aus dem Osten hätten sich lieber Sachsen als das Rheinland einverleibt. Aber gewisse taktische Überlegungen mit England und gegen die Franzosen ließen den Preußen schließlich keine Wahl. Ihre ersten Abgesandten müssen sich vorgekommen sein wie die Pioniere des amerikanischen Wilden Westens. Eine Agrarkommission zeichnete 1818 ein überaus düsteres Bild: Man stoße hier in bislang unbekannte Gegenden vor, die geografisch und topografisch allerschwierigste Voraussetzungen böten. Was sie antrafen, waren ärmliche bis ärmste Dörfchen, die in finsteren, eng geschnittenen Tälern lagen. Und Bewohner, die nach archaischen Bräuchen lebten und völlig überholten landwirtschaftlichen Methoden frönten. Preußische Beamte und Soldaten, die hierhin abkommandiert wurden, empfanden den neuen Job als Strafversetzung.

Kein Wunder, dass die Region im äußersten Westen bald verächtlich »Preußisch-Sibirien« genannt wurde. Auch der preußische König hatte für den Neuerwerb nicht viel übrig. Dieser trostlose Landstrich, so Friedrich Wilhelm III., sei höchstens für Truppenübungsplätze und Wildschweinjagden gut.

Kein Wunder auch, dass die Eifeler der neuen Staatsmacht ausgesprochen skeptisch gegenüberstanden. »Beamten und militär waren im statte so häufig, und so schädlich, wie die mäuse, wenn sie in die Saat geraten«, schrieb 1820 ein Bauer in sein Tagebuch. Später sollte dieser Winand Heuser selbst zum preußischen Beamten mutieren. Denn mit den Preußen kam der Fortschritt, zunächst in Form einer funktionierenden Bürokratie. Die Eifel mochte wirtschaftlich unbedeutend sein. Aber als Grenzland zum ewigen Feind Frankreich war sie Teil des militärstrategischen Kalküls. Folglich päppelte man die strukturschwache Gegend von Berlin aus auf. Mit Reformen und mit viel Geld.

Bestes Beispiel für den erfolgreichen Einsatz der Gäste sind die berühmten Eifeler Wälder. Ohne die Preußen nämlich gäbe es sie gar nicht mehr. Heidekraut, Ginster und Wacholder wären womöglich die einzigen Pflanzen, die dort wüchsen. Im Bitburger Bedahaus hängen die Bilder des Eifelmalers Fritz von Wille (1860 - 1941). Sehr realistische Gemälde sind das, die raue Landschaften zeigen. Wer sie betrachtet, sieht kahle Auen und Hänge. Die Felsen liegen frei, aller Wald ist abgeholzt. Die Eifel war zu Willes Zeit weitgehend baumfrei. »Öde und unfruchtbar«, lautete 1868 das Resümee einer Bestandsaufnahme des Regierungsbezirks Trier.

Schuld daran war vor allem die Industrialisierung mit ihrem riesigen Bedarf an Brennholz. Eisenhütten und assoziierte Gewerbe entwaldeten ganze Regionen. Der »Schwarze Mann« – in der Eifel war er nicht Afrikaner, sondern Köhler.

Aber neben den Industriebaronen hatten auch die einheimischen Bauern ihren Anteil am Kahlschlag. Nachhaltige Forstwirtschaft war ihnen lange ein Fremdwort. Als besonders verheerend erwies sich das sogenannte Schiffeln: Nachdem alle Bäume abgeholzt waren, verbrannte man die Stümpfe samt der obersten Bodenschicht. Die Asche gab zunächst guten Dünger. Nach wenigen Jahren jedoch war der Boden erschöpft und versteppte.

Der erste Mensch, der diesen Methoden systematisch zu Leibe rückte, war der Agrarwissenschaftler Johann Nepomuk von Schwerz. Der gebürtige Koblenzer bereiste die Eifel in den Jahren 1816/17 als preußischer Landwirtschaftsinspektor. Sein Bericht ließ keine Fragen offen: »Man sollte sehen und weinen! Ein Land wie die Eifel, (...) da heben die Berge von allen Seiten ihre nackten Schädel, welche kein Gesträuch deckt und wo kein Vöglein ein Schattenplätzchen zu seinem Neste findet.«

Nachdem die Gefahr schließlich erkannt war, begannen umfassende Aufforstungsmaßnahmen. Dass man statt der einheimischen Buche die Fichte förderte, war von heute aus betrachtet ein Fehler. Aber Fichten wachsen nun einmal vergleichsweise schnell in die Höhe. So mancher störrische Eifelbauer wollte nicht einsehen, dass er dem »Preußenbaum« seinen Acker opfern sollte.

Die von der Regierung zugeteilten Samen steckte man vor der überwachten Aussaat in den Backofen, um ihr Keimen zu unterdrücken. Zeigte sich dennoch ein junger Baum, wurde er später heimlich ausgerupft.

Auf Dauer jedoch hatten die Maßnahmen Erfolg. Bis zum Ende des 19. Jahrhunderts entstanden in der Eifel rund 40.000 Hektar neuer Gemeindewald. Und genau diese Forste waren es, die der Eifel etwa um die gleiche Zeit einen neuen, ungeahnten Aufschwung bescheren sollten. Aus Preußisch-Sibirien wurde eine Touristenhochburg, aus argwöhnisch beäugten Fremden wurden (Ferien-)Gäste, die Geld in die Kassen spülten. Nicht wenige von ihnen kamen aus protestantischen Gefilden, um hier einen naturnahen Sommerurlaub zu verbringen. Dajee, das sind ja tolle Leute, sagten sich die Kyllburger. Und machten sich im Jahr 1900 daran, eine evangelische Kirche zu bauen.

Das Holz-Selfie

Unser Kunstlehrer am Gymnasium hatte die leidige Angewohnheit, die Bilder vor der ganzen Klasse zu besprechen. Schon bevor wir den Raum betraten, hatte er sämtliche DIN-A3-Blätter auf dem Boden ausgebreitet. Und zwar der Qualität nach, von links nach rechts.

Da lagen sie also aufgereiht: die Werke der talentierten Zeichner, die der weniger talentierten und die der untalentierten. Ein ganzes Stück dahinter, isoliert wie in Quarantäne, lagen noch einmal vier Blätter. Als ich sie sah, wusste ich im Grunde schon Bescheid. Denn diese Bilder waren alle von Jörg D.

Wenn uns zu einem Thema wieder einmal gar nichts einfallen wollte, sprang stets Jörg ein. Nicht dass er ein besserer Maler als wir drei anderen aus der Clique gewesen wäre. Eher traf sogar das Gegenteil zu: Jörg bekam kaum das Haus vom Nikolaus hin. Aber er war eben jederzeit bereit, vier Bilder in fünf Minuten zu malen. Und wir setzten dann unsere Namen darunter.

Der Lehrer stellte die Einsen vor, die Zweien und die wenigen Vieren. Dann machte er eine Pause und zeigte schließlich mit angeekelter Miene auf die vier äußersten Blätter: »Und die Dinger da«, sagte er mit wenig pädagogischem Einfühlungsvermögen, »sehen aus, als hätte sie ein Haufen Blinder mit den Füßen gemalt.«

* * *

Irgendwo hatte eine Broschüre ausgelegen: Holzbildhauerkurs in Kyllburg, unten an der stillgelegten Zahnen-Mühle. Toll, sagte ich mir, das findet ja direkt um die Ecke statt. Nach all deinem handwerklichen Gestümper während der Renovierung kann so eine Weiterbildung bestimmt nicht schaden. Und vielleicht beeindruckt das sogar die Jungs in der Brückenschänke. Dass bei der Sache auch künstlerische Fähigkeiten gefragt waren, hätte mir klar sein sollen. Und erst mit der Bestätigungsmail las ich, dass mein Kurs unter einem Motto stand: das Holz-Selfie. Hier sollte es also darum gehen, den eigenen Kopf aus dem Stamm zu schlagen.

An einem sonnigen Freitagnachmittag machte ich mich auf den Weg hinunter zur Mühle. Ich langte pünktlich an. Aber außer mir war nur Mara da, die Frau vom Kulturverein. »Du bist bestimmt der Bernd«, sagte sie, und nun wurde ich misstrauisch. War ich etwa der einzige Eleve hier?

Nach und nach jedoch trudelten vier weitere Kursteilnehmer ein, drei Frauen und ein Mann. Man kannte sich vom letzten Jahr. Außer mir waren auch alle bestens ausgerüstet – mit eigenen Klüpfeln, Schnitzmessern, Messwerkzeugen und so weiter. Rolf-Dieter, der pensionierte Ingenieur, hatte sogar eine Flex dabei. Mit ihrer Schleifscheibe würde er seine Büste nach jedem Arbeitsgang glätten, während bei uns anderen die konkaven Schnitzmesserbahnen den Korpus durchtätowierten wie den Unterarm eines Fußballers.

Ich war am Werktisch neben Rolf-Dieter gelandet. Praktisch, denn niemand war so umfassend mit Werkzeug bestückt wie er. Zur Vorbereitung sollten wir Skizzen unserer Köpfe anfertigen. Wahrscheinlich diente dies dazu, die Proportionen zu erfassen und übers Zweidimensionale ein Gefühl für die avisierte dreidimensionale Arbeit zu bekommen. Sicher eine gute Idee, nur kann ich eben – siehe oben – überhaupt nicht zeichnen. Schon gar nicht einen Kopf. Und zu Jörg D. habe ich seit Jahren keinen Kontakt mehr.

Hilflos stand ich vor meiner Staffelei. Um die Ränder meiner Nase zu erfassen, hatte ich zwei matte, sich konisch nach oben verjüngende Bleistiftlinien gezogen. Und dann aufgegeben. Das sah nun aus wie eine Autobahn im Nebel. Mir wurde heiß, es fühlte sich an wie damals in der Schule. Rolf-Dieter schielte auf mein Blatt, ließ sich aber nichts anmerken. Lorose, unsere italienische Kursleiterin, war ein Schatz. Das erkannte man auf den ersten Blick. Aber während der Vorstellungsrunde hatte sie darüber hinaus ziemlich engagiert gewirkt. Um nicht zu sagen: ein wenig streng. Als sie mein Gekrakel sah, bat sie Rolf-Dieter um seinen Radiergummi. Was eine Nase hatte werden sollen, mutierte zu graphitgesättigten Gummiröllchen.

Während die anderen sich ihre Baumstämme von zu Hause mitgebracht hatten, griff ich auf einen der bereitgestellten Pappelblöcke zurück. Pappel ist leicht, sagte ich mir, genau das Richtige für einen Anfänger der Holzbildhauerei. Leider war mein Baumstück aber auch ausgesprochen krumm geraten. Mara versuchte daraus einen künstlerischen Mehrwert zu schöpfen: »Dann liegt dein Kopf am Ende ein bisschen schief. Das kann ja auch ganz interessant sein«, sagte sie.

Ich wollte aber keinen schiefen Kopf!

Nachdem ich die Rinde abgeschält hatte, wirkte mein Baum noch schräger. Wie ein nackter, dicker, schwitzender Mann mit Schlagseite. Unglücklich stand ich davor und hatte zum ersten mal den Gedanken: Lauf einfach weg! Dieser Kurs geht über zwei Wochenenden, jeweils von freitags bis sonntags. Unter keinen Umständen will ich sechs Tage lang auf so einen krummen Hund einschlagen. Zumal das am Ende ja ich werden soll.

Meine Rettung war schließlich die wunderbare Lorose: »Dein Baum ist ja total schief«, sagte sie und griff umstandslos zur Kettensäge. Jetzt konnte es losgehen.

* * *

Schon im Mittelalter wurde an diesem Ort Getreide gemahlen. Allein die Zahnenfamilie, Erbauer der heutigen Anlagen, wirtschaftete hier über zwei Jahrhunderte. Die Anfang des 20. Jahrhunderts installierte Wasserturbine der Mühle produzierte den ersten Strom der Ortschaft. Den Überschuss leitete man weiter an die Kyllburger Haushalte, die dadurch elektrisiert wurden. Noch heute trennt das Wehr, der sogenannte »Rauschen«, den Mühlenteich vom Fluss. Aber gemahlen wird hier nicht mehr, wahrscheinlich nie mehr. Die Zahnenmühle war unrentabel geworden.

Die hoch aufragenden Silos am Ufer korrespondierten mit dem nicht minder steilen Stiftsberg hinter unserem Hauplatz. Weil er zum Fluss hin leicht abfiel, hatten wir Keile unter unsere dreibeinigen Arbeitstische gelegt. Pappelholz mochte vergleichsweise weich sein. Aber nach den ersten tausend Schlägen mit dem Klüpfel wirkte es härter als Bongossi. Mein rechter Unterarm hatte begonnen, ein Eigenleben zu führen. Auch wenn ich pausierte, pochte er weiter im Takt. Das unmotivierte Muskelzucken im Ellbogen machte mir derart Angst, dass ich nach jeder Unterbrechung schnell wieder loslegte. Rolf-Dieter hatte sich verzogen, in eine Ecke möglichst weit entfernt von mir. Ich nahm es ihm nicht übel. Ärgerlich jedoch, dass neben mir nun ausgerechnet Agathe arbeitete. Sie war klein, schmächtig und hatte noch kein einziges Mal gestöhnt. Unermüdlich wie ein Specht hackte sie auf ihren Block ein. Und der war aus Eiche.

Agathe hatte die Kursausschreibung nicht so ernst genommen wie ich. Statt ihres eigenen Kopfes wollte sie eine Ziege formen. Während ich noch unter der Rinde nach Holzwürmern fahndete, konnte man bei ihr bereits zwei Hörnchen erkennen. Noch kompetitiver jedoch erschien mir Daggi. Auch sie nahm nicht zum ersten Mal teil, ihre Schläge wirkten kontrolliert und kräftig. Lange, an einem Stück geschlagene Holzstreifen lagen um ihren Tisch herum. Kein Vergleich mit meinen Stummelspänen. Als ich wieder einmal zweifelnd innehielt, sah Daggi zu mir herüber: »Wage etwas«, beschwor sie mich.

»Was denn?« fragte ich schwächlich zurück.

»Beginn damit, die Nase herauszuarbeiten.«

Ich blickte meinen Pappelklotz an. Der Profi mag aus seinem Werkstück bereits die spätere Form herauslesen können. Ich erinnerte mich, mich einmal mit einem Bildhauer unterhalten zu haben. In einer Kölner Kneipe war das, und »unterhalten« ist wohl das falsche Wort. Denn eigentlich hatte nur der Bildhauer geredet, und zwar ungefähr so:

»Du heißt auch Bernd? Namenstag am 20. August? Mein Lieber! Bernhard von Clairvaux hat Fliegen exkommuniziert. Der hat in seinem Leben nie mit den anderen Ordensbrüdern essen dürfen. Weil er so stank und immer so üble Blähungen hatte. Wir verstehen uns, Bernd.

Ich gehe zum Beispiel an den Rhein bei Niedrigwasser und suche mir schöne Steine. Große Dinger, die normalerweise auf dem Weg nach Holland abgeschliffen werden, in Kiesel zerbrechen und zu Sand zerfallen. Und dann nehme ich mir so einen Stein mit ins Atelier und betrachte den. Und der betrachtet mich, ist ja klar. Nur dass der Stein keine Arme hat wie ich, und keine Hammer und Meißel.

Keine Ahnung, was der Stein in mir sieht. Seinen Mörder? Seinen Vollender? Aber lass uns noch 'nen Averna-Cola trinken.

Ich kommuniziere also mit meinem Stein, und früher oder später sehe ich was in dem. Einen Fisch. Oder einen Phallus. Oder die Umrisse von Deutz, da komm ich nämlich her. Und dann nehm ich mir den Hammer und mach das mit einem Schlag klar. Ich schlage ein einziges Mal zu, und dann ist der Stein ein Fisch. Eine Forelle zum Beispiel, Forellen sind einfach.

In der Ateliergemeinschaft bewundern sie mich dafür. Na ja, sagen wir so: Viele beneiden mich auch. Meine Frau genauso, die hat mich auch beneidet. Die ist längst über alle Berge. Und ich schlage Fische und Pimmel ausm Stein.

Die Pimmel verkaufen sich besser. Aber so richtig Kohle mach ich sowieso nicht. Und damit du Bescheid weißt, Bernd: Du trinkst jetzt noch 'nen Averna-Cola mit mir. Sonst schlag ich dich mitm Hammer, und dann bist du ein Fisch. Bestenfalls.«

Wahrscheinlich war der Kerl aus der Kneipe eher ein Spinner als ein Künstler. Jedenfalls gingen mir die erwähnten Seherqualitäten vollkommen ab. Was da vor mir stand, war nichts als ein Pappelklotz, ein Pappelklotz, ein Pappelklotz.

»Fang einfach an«, raunte Daggi, »du wirst nichts falsch machen.«

Sie lächelte, nickte mit dem Kopf, blickte mich aufmunternd an. Ich wartete, bis sie wegsah.

Drei Stunden später sollte Daggi selbst kurz davor sein aufzugeben. Knapp unter der Oberfläche ihres Baumes offenbarte sich ein apfelgroßes Loch, ein Asteinschluss, wo eigentlich ihre Stirn hätte entstehen sollen. Wage etwas, sattle auf Zyklop um, wollte ich ihr zurufen. Aber das wäre ja gemein gewesen.

* * *

Wer klug war, hatte Arbeitshandschuhe mitgebracht. Die anderen – also ich – plagten sich mit Blasen an und Splittern in den Fingern. Ich war erschöpft und hatte Schmerzen. Viel schlimmer jedoch war die Enttäuschung über mein gestalterisches Unvermögen. Daggi wagte und gewann, indem sie sich nun an der Rückseite ihres Baums zu schaffen machte. Agathes Ziege reckte längst ihr Maul gen Himmel, und hinten links flexte Rolf-Dieter seinen Schädel glatt. Meine Pappel jedoch schien resistent gegen jede Art der Formgebung. Ich fühlte mich wie ein armloser Höhlenmensch. In Gedanken sah ich Lorose, ganz am Ende unseres Kurses, wie sie die Holz-Selfies nach Noten sortierte. Daggi und Rolf-Dieter flogen sich stolz in die Arme. Mein Berndkopf lag irgendwo hinten im Kyllschlamm.

Ein kleines Lob hätte mir jetzt gutgetan. Aber Lorose schien beschlossen zu haben, dass man mich fordern muss: »Ich schnitze dir jetzt diese Seite der Nase, und du kopierst das dann auf der anderen. Okay?!«

Also machte ich mich wieder an die Arbeit, wissend, dass wir nun in die heiße Phase eintraten. Ein falscher Schlag, und die Nase ist ab. Dann würde aus dem Selbstportrait ein antiker Torso. Den stellte sich dann höchstens noch der geschmacksverirrte Luxemburger auf.

»Ich bin fertig«, sagte ich nach dreißig harten Minuten auf des Messers Schneide. Aber Lorose schüttelte nur den Kopf.

»Siehst du denn gar nicht, dass deine Seite nicht einmal halb so tief ausgearbeitet ist wie meine?«

Nein, das war mir tatsächlich nicht aufgefallen. Ich hatte sogar ein wenig Stolz verpürt auf meine Leistung.

Aber dann ließ sie mich unsere Arbeit mit geschlossenen Augen ertasten, und ich musste klein beigeben. Von einem Nasenrücken konnte da wirklich noch keine Rede sein.

Alle anderen waren ohnehin weiter als ich. Sie schliffen filigran gestaltete Ohrmuscheln aus, formten Nasenlöcher zu vollendeten Ovalen oder gaben ihren Lippen den letzten Schwung.

Mein verdammter Pappelklotz hingegen blickte noch immer wie ein ungehobelter Schrat in die Welt. Oben an der Bahnhofsstraße rauschte ein Zug vorbei. Ich wusste, was vorne draufstand: *Trier - Köln*. Zum wiederholten Mal klopfte der Fluchtimpuls an.

Spätestens ab 1250 gehörte die Kyllburger Mühle dem Erzbischof in Trier. Dieser verpachtete sie an wechselnde Müller, die ihm Abgaben zu machen hatten. Unter anderem war der Müller verpflichtet, jedem Mühlgast genau sein Getreide zu mahlen, ohne es zu vermischen. Er hatte Buch zu führen und eine unverfälschte Waage zu benutzen. Nicht selten litt er unter Überschwemmungen und Eisbruch, das Geschäft war hart. Im Frühjahr 1638 bat die Müllerin Catharina Salm um Pachtermäßigung. Der Dreißigjährige Krieg und seine Folgen hatte sie an den Rand des Existenzminimums getrieben. Ein Drittel der Kundschaft war getötet worden. Der Rest traute sich wegen der einquartierten Soldaten, der »Lothringisch Leut«, nicht mehr nach Kyllburg und ließ andernorts mahlen. Die ausländischen Truppen ruinierten zudem mit eigenen Mahlgängen die Anlagen. Knapp vierhundert Jahre später kämpfen hier stattdessen ein paar wackere Holzbildhauer mit ihren Werken.

In der Kunst entäußert man sich, da wird man sehr sensibel für Kritik. Erst recht, wenn man an einem Selbstportrait arbeitet. Peu à peu lernte ich, die dezenten Chiffren zu deuten, mit denen Lorose uns bei Laune hielt. »Du bist auf einem guten Weg«, sagte sie. Und ich übersetzte: Du bist schwer hinterher, mein Lieber. »Da gehen wir nachher noch ein wenig vom Runden ins Ovale«, hörte ich sie hinter mir. Und wie von Geisterhand geschrieben erschien das Wort »Eierkopf« vor meinen Augen.

Ich schüttete mir einen Kaffee ein und drehte eine Runde um die anderen Werktische. Keiner meiner Kollegen hatte der Versuchung widerstanden, sein Konterfei zu idealisieren. Daggi hatte eher ihre Tochter als sich selbst aus dem Baum geschlagen. Rolf-Dieter hatte sich die edlen Züge eines römischen Senators ins Gesicht gemeißelt. Und dass ich (oben hinten, ganz kleine Stelle) schon ein paar Haare verloren habe, sollt mein Holzkopf ebenfalls verleugnen. Das würde ich nicht mal schreiben.

Führte man Einzelgespräche, kamen die Sorgen zum Vorschein. Immer locker formuliert, versteht sich. Immer in einen Scherz eingebunden: »Der kuckt nicht wie ich«, klagte Rolf-Dieter zum wiederholten Mal. »Meine sieht noch immer wie ein Mann aus«, fiel die sehr ruhige Nele ein. Beide grinsten dabei. Aber man kennt das ja von sich selbst. Weil wir hier nicht beim Sport waren, äußerten sich auch echte Katastrophen nur durch gequältes Stöhnen: »Oh nein!«

Daggi hatte sich ein Ohr abgeschlagen, da verliefen die Holzfasern wohl etwas unglücklich. Agathes Ziege fehlte seit dem Morgen eines der Hörnchen. Beide Teile sollten später wieder angeleimt werden. Aber etwas bleibt immer. Als mein Tischtenniskumpel Ossi seine beiden Finger an die Kreissäge verlor, hing sein Arm in einer Schiene. Alle außer ihm konnten sehen, dass die wieder angenähten Gliedmaßen langsam schwarz wurden. Der Körper wollte sie nicht mehr. Hoffentlich hatten Daggi und Agathe da mehr Glück.

Nach dem Unfall wollten die beiden sofort weiterarbeiten. Auch als Lorose sie bat, wenigstens kurz innezuhalten, ließen sie nicht vom Klüpfel. Unsere italienische Lehrerin schüttelte den Kopf: »Ihr seid ein komisches Volk, ihr Deutschen.«

* * *

Nach sechs Tagen, nach dreißig Stunden harter Arbeit hatte ich so etwas wie einen Kopf hinbekommen. Er verfügte über eine Art Nase, über zwei Höhlen, die unter Umständen zu Augen taugten, und über seitliche Ausbuchtungen, aus denen je nachdem Ohren werden konnten. Lorose hatte das durch handfeste Hilfe so angelegt, damit ich zu Hause weiterarbeiten konnte. Zum Abschied nahm sie mich in den Arm und sagte: »Bernd, ich hoffe, dass du am Ball bleibst. Du hast es drauf.«

Für einen Moment ging mir durch den Kopf, dass ich dieses Lob womöglich nicht verdient haben könnte. Aber auf dem Rückweg schwebte ich fünf Zentimeter über dem Boden.

Der zweifelhafte Kunstlehrer meiner Gymnasialzeit war im Jahr darauf versetzt worden. Irgendwas mit Alkohol. Seine Nachfolgerin war jung und hübsch, die Noten schrieb sie dezent auf die Rückseite der Malblätter. Ich hängte mich rein, und was mir an Talent fehlte, glich ich durch engagiertes Daueraufzeigen in den Theoriestunden aus. Ich bekam eine Drei.

Der mit der Flex tanzt

Der Holzkopf wanderte zunächst einmal in den Keller. Es gab Wichtigeres, das Haus musste endlich bewohnbar werden. Allmählich näherte sich sogar meine Katastrophenkammer unterm Dach der Vollendung – auf ihre ganz eigene Art. Die Wände hatte ich bis auf Brusthöhe mit Holzpaneelen ausgeschlagen. Tiefbraun bemalt und mit dem oben abschließenden schwarzen Bord sollte das an eine Kneipe erinnern. Viel Applaus hatte ich dafür jedoch nicht geerntet. Einigen Respekt zollte man immerhin der Tapete über der Paneele. Aus dem Internet hatte ich mir zwei Kölner Zeitungen vom 17. April und 1. Mai 1978 besorgt. Das waren die Tage, nachdem der 1. FC Köln zuerst den Pokal und dann die Meisterschaft gewonnen hatte – das Double mithin. Auf beinahe jedem Foto: Heinz Flohe, damals Kapitän der Mannschaft und seit Urzeiten mein Lieblingsfußballer. Rund um mich herum klebten nun diese Zeugnisse vergangener Herrlichkeit, vermischt mit exotisch anmutenden Anzeigen für »Veloursbademäntel«, das »durchgeknöpfte Kleid aus duftig-weicher Lavable-Qualität« und die »Feinstrumpfhose mit Zwickel und Sandalettenferse«. Leider reichten die Zeitungsblätter nicht für die gesamte Wandfläche, sodass das Ganze doch arg improvisiert wirkte. »Wie die Bude eines depressiven 15-Jährigen«, meinte ein Mensch, den ich bis dato meinen Freund genannt hatte. Mit ein bisschen gutem Willen konnte man das sicherlich auch gemäßigter ausdrücken.

* * *

Ich hatte Harry von meinem Missgeschick mit der Matratze erzählt. Mit der Wandgestaltung war der Weg frei geworden für den Kauf eines Bettgestells. Der Aufbau gelang wider Erwarten reibungslos. Und so war ich gewissermaßen in Hochstimmung, als ich mich auf den Weg nach Bitburg machte, um das Werk mit dem Erwerb von Lattenrost und Matratze zu vollenden. Schon freute ich mich auf meine erste Nacht im eigenen Zimmer, umgeben von meiner FC-Legendenzeitungstapete und den k***braunen Kneipenpaneelen. Die Ernüchterung folgte jedoch auf dem Fuß, als mich die Verkäuferin des Bettenlagers nach der gewünschten Größe fragte: Auf der kaum zwanzigminütigen Fahrt nach Bitburg hatte ich tatsächlich vergessen, wie breit mein Bett war.

Ich weiß nicht, wer entgeisterter blickte in jenem Moment: Ich, der ich mir die bange Frage nach dem weiteren Verfallsprozess meines Selbst stellte; oder die Frau aus dem Matratzenlager in Anbetracht dieses frühvergreisten Fünfzigjährigen. Jedenfalls zog ich unverrichteter Dinge wieder ab.

Harry immerhin schien meine Geschichte durchaus amüsiert zu haben. Über sein Gesicht zog ein gutmütiges Lächeln. Aber zugleich spürte ich, wie es arbeitete in seinem Kopf: Dieser Kerl wird mir keine große Hilfe sein, morste es da.

Harry war uns als Maurer und Allroundhandwerker empfohlen worden. Als ich ihm die Tür öffnete, überzeugte er mich sofort. Vor mir stand ein Berg von einem Kerl, dem der Blaumann schon den Strampelanzug ersetzt haben musste. Eine schwielige Hand von der Größe eines Kreissägeblattes schraubte sich um meine Rechte. Kleine, sehr bewegliche Augen sondierten das Terrain. Harry wollte keinen Kaffee, sondern zur Sache kommen. Die da lautete: Abriss des Wintergartens.

Wir marschierten durch den Flur ins rückwärtige Esszimmer, wo das große Fenster einen Panoramablick über Kylltal und Berge offerierte. Oder besser: einst offeriert hatte. Denn zwischen Frühstück und Fernsicht stand dieser Wintergarten, der nicht ganz jenen Vorstellungen entsprach, die man normalerweise von solch einem Raum hat. Während man sich heutzutage gewächshausähnliche Glaskästen bauen lässt, hatten unsere Vorgänger selbst Hand angelegt. Und aus Gründen der Sparsamkeit hatten sie offenbar ausschließlich auf Restmaterialien gesetzt. So bestand das Dach aus einem Patchwork von Ziegeln, Schieferschindeln und getöntem Drahtglas, das den Eifeler Himmel nicht einmal erahnen ließ. Zur Restveranda hin hatte man zwar zwei Fensterchen verbaut, die Mauer darunter jedoch entschieden zu hoch gezogen. Den Boden wiederum schmückte eine aufgequollene Lage Buchenlaminat. Mit anderen Worten: Die Vorstellung von einem lauschigen Abend im Wintergarten lag hier ungefähr so fern wie unsere Terrasse dem Sternenhimmel.

Dennoch waren einige unserer Besucher sprachlos, als wir von unseren Abrissplänen erzählten. Wintergärten, egal wie sie aussehen, sind offenbar Statussymbole mit hohem Luxusfaktor. Da können nur noch die Kellersauna und der Pool im Garten mithalten. Auch Harry mochte sich gefragt haben, was diese seltsamen Städter antrieb. Aber die Art, wie er die Brechstange hielt, kündete von höchster Entschlossenheit.

* * *

Über der Eifel ging die lauwarme Sonne eines schönen Frühlingstags auf. Der rote Sandstein unserer Fassade atmete spürbar auf, als der Fixstern ihm die winterliche Feuchte aus den Poren zog. Mensch und Tier scharrten mit den Hufen vor Unternehmungslust.

»Ich will beim Abriss mithelfen«, hatte ich Harry erklärt. Das sei ich dem Haus schuldig. Und mein Abrissunternehmer hatte mit dem massigen Kopf genickt und geantwortet, dass er diese Einstellung prima finde. »Sicherheitshalber«, fügte er jedoch hinzu, »bringe ich noch einen Spannmann mit.«

Im ersten Moment war ich enttäuscht, fühlte mich sogar ein bisschen gedemütigt. Als Mann steckt man in solch einem Moment in einer Zwickmühle. Einerseits mag man nicht gerade ein Held der Handarbeit sein. Und vielleicht auch schon ein bisschen müde in den Knochen, hüftgoldberingt und von irgendwelchen Zipperlein befallen. Also sollte man eigentlich froh sein über jede weitere helfende Hand. Im selben Moment jedoch meldet sich der Cowboy im Manne: Traut der mir etwa nicht zu, dass ich das hinkriege? Denkt der Kerl vielleicht, ich hab zwei linke Hände? Hummerfresser statt Hammerfasser?

Die ehrliche Antwort lautet: Genau das denkt er, und ein bisschen recht hat er wohl auch. Aber dass er's voraussetzt, ist eine bodenlose Gemeinheit. Deshalb stand mein Entschluss fest: Dem zeig ich's. Diesem Harry werde ich beibringen, dass auch ein Schreiberling aus der Stadt die Hilti rockt. Nennt mich Der Mit Der Flex Tanzt!

Gesagt, getan. Kaum marschierten Harry und Luigi zum Wagen, spurtete auch ich los. Mit schnellen kleinen Schritten überholte ich Luigi im engen Hausflur, schob mich möglichst beiläufig vor ihn und stand als Erster an der Rampe des Bullys, um Werkzeug in Empfang zu nehmen. Hatte ich mir nicht genau für so einen Auftritt diese ledernen, herb-männlichen Arbeitshandschuhe gekauft? Und dazu mein kariertestes aller karierten Hemden angezogen!

Den Werkzeugkoffer mit der Stihl reichte Harry an mir vorbei zu Luigi, der das offensichtlich schwere Stück aus dem Bully hievte und ins Haus schleppte. Harry schien derweil zu rangieren, wohl um mich am Tragen zu hindern. Irgendwann jedoch schien er Mitleid zu haben und bot mir eine kleine Packung mit Nägeln an. Ich fischte sie ihm lässig aus der Pranke und brachte sie flötend zur Terrasse.

Dort angekommen sagte Harry: »Als Erstes holen wir die Fenster raus.«

Genauso hatte ich es mir im Vorhinein auch gedacht. Um Scherben zu vermeiden, müssen zunächst die Scheiben raus. Dann jedoch hatte ich mir die Aufhängung der Rahmen angesehen und vor einem Rätsel gestanden. Nirgendwo eine Schraube oder Ähnliches, kein Weg, dieses Teil zu demontieren.

Harry hingegen machte kurzen Prozess. Mit einer aufreizend müden Bewegung überbog er die Scharniere und riss das gesamte Fenster binnen weniger Sekunden aus seiner Verankerung. Eine beeindruckende Show, die ihn keinen Schweißtropfen gekostet hatte.

Eigentlich ist es absurd, zugleich der Auftraggeber und das fünfte Rad am Wagen zu sein. Aber genau diese Rolle war mir offenbar beschieden. Ich war der, der alles in die Wege geleitet hatte, nur um danach allen im Weg zu stehen. Um Harry ein wenig zu beeindrucken, hatte ich meinen kompletten Werkzeugschrank mitgebracht. Irgendwann, sagte ich mir, brauchen die Jungs bestimmt einen 9er Schlüssel oder eine kleine Schraubzwinge. Mein großer Auftritt schien zu kommen, als Harrys Leiter zu hoch für einen bestimmten Überstand war.

»Da habe ich was«, frohlockte ich und eilte in den Keller. Aber als Harry meine sechsstufige Trittleiter sah, die mit der hübschen, roten Ablage oben drauf, wendete er sich ab wie ein Mädchen, das gerade vom tolpatschigsten Jungen des gesamten Abschlussballs zum Tanz gebeten wurde.

»Meinst du, ich will bei *Upps die Pannenshow* enden?«, fragte er. »Dicker Typ kracht von Leiter, kugelt den Abhang runter und bleibt wie ein gestrandete Wal liegen?

Hmmm? Das ist Baumarktschrott, Bernd, auf so was steig ich nicht.«

Dass Luigi in jenem Moment heiser lachte, nahm ich ihm wirklich übel. Mit dem letzten Rest Würde klappte ich mein Leiterchen zusammen und trug es zurück in den Keller. Als ich wieder auf der Terrasse stand, balancierte Harry auf einem Hügel lose gestapelter Backsteine. Total wackelig sah das aus. Auf so was würde ich mich nie stellen.

* * *

Die Sache mit der Leiter schien Harry vollends davon überzeugt zu haben, dass er auf mich nicht zählen konnte. Im Laufe des Vormittags füllte sich unsere Terrasse mit Schuttbergen verschiedener Provenienz – Metall, Holz, Baustoffe, säuberlich getrennt für die Fahrt zur Kippe. Während Luigi die Schubkarre füllte, jagte Harry sie über den ausgelegten Bohlensteg zum Hänger. Um nicht völlig tatenlos zu wirken, hob ich hin und wieder ein Steinchen auf, das Luigi über die Schüppe gekullert war. Trotz der schicken neuen Handschuhe waren meine Hände längst rau vom feinen Putzstaub, und mein Gesicht glich dem eines Untertagekumpels.

»Staub ist egal«, sagte Luigi und zündete sich eine neue Kippe an.

Ich hingegen fächerte mir Luft zu wie eine alte Gräfin und hustete schwarze Schlackeklumpen auf den Estrich. Der Mit Der Flex Tanzt war müde geworden, kein Pfeil steckte mehr in seinem Köcher. Und gegen halb zwei erwischte mich Harry dann auch noch beim Essen.

Der Mann wog locker seine 140 Kilo, hatte aber seit sieben Uhr keinen Bissen mehr zu sich genommen. Er habe gut gefrühstückt, hatte er mein Angebot abgelehnt, eine Futterpause einzulegen. Ich hingegen dachte seit Stunden an nichts anderes als ein Leberwurstbrot. Wie ein großes, verheißungsvolles Raumschiff streifte es durch den Kosmos meiner Gedanken, ohne dass ich ihm auch nur ein Lichtjahr näherkam. Irgendwann jedoch packte ich die Gelegenheit beim Schopfe. Harry hatte mir erlaubt, unbeaufsichtigt einen Eimer Schutt zum Hänger zu bringen. Auf dem Rückweg durch den Flur war ich nach rechts in die Küche ausgeschert und wie programmiert auf das Glas mit der Leberwurst zugesteuert.

Die Verlockung war einfach zu groß. Ich drehte den Deckel ab, griff nach einer Scheibe Brot, mein Gaumen bebte vor freudiger Erwartung. Aber genau in dem Augenblick, da ich mich mit der dick beschmierten Wacke umdrehte, stand Harry in der Tür.

»Wo bleibt der Eimer?«, fragte er mit einem Grinsen, das ich nicht interpretieren musste. Dann hob er ihn selbst vom Boden und drehte ab Richtung Terrasse.

Kurz darauf bahnte sich die längst erwartete Katastrophe an. Wir hatten die Aufbauten des Wintergartens abgerissen, nun ging es ihm an die Fundamente. Und siehe da: Dieser an die Hauswand gebaute Wintergarten lag gut zwanzig Zentimeter tiefer als die restliche Terrasse.

»Wenn es heute regnet, entsteht da ein Bassin, das früher oder später den Keller fluten wird«, prophezeite Harry.

»Hast du lieber Kois oder Forellen?«, fragte Luigi und zündete sich eine weitere Fluppe an.

»Die Stufe müssen wir jedenfalls mit Estrich ausgleichen«, wurde Harry ernst. »Da geht nix dran vorbei.«

Zur körperlichen gesellte sich bei mir nun auch eine tiefe seelische Niedergeschlagenheit. So ein erster Zweifel kommt normalerweise an wie eine leichte Welle. Du hüpfst mal eben auf der Stelle, und fort ist sie. Aber die nächste Welle ist dann schon ein bisschen größer und zwingt dich, dementsprechend höher zu springen. Noch nimmst du die Chose als Herausforderung. Irgendwann jedoch steht dir das Wasser mit jeder neuen Woge bis zum Hals. Und bald darauf stürzen die Brecher auf dich ein. Du bist nicht mehr der Fels in der Brandung, als der du dich sahst. Dein Traum ist nichts als eine miese kleine Sandburg, die gleich unterspült und eingeebnet werden wird.

Diese Kuhle auszugießen, bedeutete zwei weitere Tage Arbeit und weitere Materialkosten. Im Geist sah ich unser Budget verbrennen wie Stroh in einem Osterfeuer. Der Altbaurenovierer ist von seinem Naturell her ein Outlaw: Rechnungen pflastern seinen Weg.

»Da liegen doch schöne Zementplatten«, hatte Luigi irgendwann heute Morgen gesagt, »warum lässt' die nicht liegen?«

»Weil meine Frau und ich lieber Holz wollen«, hatte ich geantwortet.

Luigi richtete seine ganzen 160 Zentimeter steil auf, während er zum Reden ansetzte. In seiner Frage hatte kein ironischer Ton mitgeschwungen, unsere Entscheidung war ihm ein echtes Rätsel. Früher hatte er als

Pizzabäcker gearbeitet. Ein Mann, der seine Hände zu nutzen wusste. Auch um zwei und zwei zusammenzuzählen: »Aber jetzt bezahlst du Harry und mich dafür, dass wir die Platten wegholen. Du bezahlst die Verbrecher beim Schrotti dafür, dass sie deine völlig okayen Platten entsorgen. Dann bezahlst du wieder uns zwei für die neuen Schweißbahnen auf deiner Terrasse. Und danach kaufst du dir für viel Geld das viel kürzer haltbare Dielenholz, das dir auch irgendwer verlegen muss. Habe ich jetzt irgend etwas übersehen, Bernd?«

Am Morgen hatte ich Luigis Rechnung belächelt. Nach dem Stufendebakel jedoch hatte ich nichts mehr zu erwidern. Wehmütig blickte ich in die Kuhle, die nun von ersten Regentropfen gemasert wurde.

Und das Osterfeuer loderte munter weiter ...

* * *

Zeitungspapier dämmt gut, das wussten auch die Erbauer unseres Wintergartens. Hinter jeder Wand fanden wir Schnipsel, Blätter und Bögen von Illustrierten. Nachrichten aus einer versunkenen Welt, in unserem Fall: aus dem Frühjahr 1990. Manche wirkten exotisch, manche hätten heute genauso gedruckt werden können. Einige wiederum schienen mich direkt anzusprechen – wie ein Doktor Sommer für die Probleme eines Altbaurenovierers.

Horoskop
Zwillinge: Einiges geht Ihnen gegen den Strich, aber da müssen Sie durch. Legen Sie sich eine dicke Haut zu, denn in

nächster Zeit kommt's ganz schön haarig. Und versuchen Sie bei allen Auseinandersetzungen den höflichen Ton beizubehalten.

Anzeige
Bargeld lacht.
- Sofortige Bearbeitung
- Umgehende Auszahlung zu 100%
- Von DM 2.000,- bis DM 60.000,-
- Hohe Auszahlung – Niedrige Rate
- Ohne Bankgespräch, ohne Laufereien
- Für all ihre Wünsche und jeden Zweck, auch bei überzogenem Girokonto.

Die Leser-Diskussion: Zu viel Sport im TV?
»*Die Sportverrückten sind fast nur Männer. Wählen kann man als Frau kaum. Der Mann bestimmt in den meisten Familien immer noch, was angeschaut wird. Die Kulturprogramme bleiben total auf der Strecke.*« *Karin G. aus N.*

»*Jawohl!!! Es wird zu viel Sport gezeigt. Wie viele Ehekräche das schon verursacht hat!? Jeder sitzt schließlich in einem anderen Zimmer und kuckt für sich allein.*« *Johanna N. aus H.*

Die Umfrage: Dürfen Nichtraucher Rauchern das Rauchen verbieten?
»*Nein*«, *sagt Rudi Carrell,* »*die Diskussion ist einfach lächerlich. Wenn ich vor einem leeren Blatt Papier sitze und neue Ideen entwickele, brauche ich eine Zigarette. Verbieten? Niemals!*«

Eduard Zimmermann (Aktenzeichen XY) pflichtet ihm bei: »*Von mir ein klares und entschiedenes Nein! Ich finde es sehr beunruhigend, dass die Toleranz immer dort aufhört, wo es gegen die eigene Meinung oder Lebensführung geht.«*

Aus dem Fortsetzungsroman »Begegnung unter fremden Sternen«
Für einen Augenblick fürchtete Judy, dass der Wildhüter den kleinen Elefanten erschießt. Stattdessen holte Phil einen Wasserkanister aus dem Wagen. Kurz darauf begann er, die Haut des Tieres vorsichtig mit Wasser zu besprenkeln. »Ich glaube, es ist an der Zeit, dass ich mich noch einmal für mein Verhalten von gestern bei Ihnen entschuldige.«
 »Das ist nicht nötig«, sagte Judy herzlich.

Werbung
Impulsan, Impulse für die Gesundheit: »Auch außerhalb ihres Berufs hat Inge Meysel sich immer auf die Natur verlassen. So hat sie sich auch stets die medizinischen Wirkungen des Knoblauchs zunutze gemacht und damit Alterserscheinungen im ganzen Körper vorgebeugt. Mit sichtbarem Erfolg.«

Der Witz
Jahrmarkt in China. Vor einer kleinen Bude verkündet ein Gaukler seine Sensation: »Kommen Sie hellein, meine Damen und Hellen, hiel elleben Sie eine liesige Attlaktion!« Die Bude füllt sich, der Vorhang geht auf. Ein kleiner Chinese betritt die Bühne und sagt: »Rrrrrrrr!!!«

»Und dann war da noch ...
... der Gewürzhändler, der gepfefferte Preise hatte.«

* * *

Kaum ein Zustand ist so angenehm wie die Müdigkeit nach einem erfüllten Arbeitstag. Das gilt vor allem für körperliche Arbeit, weil sie für die nötige Schwere sorgt. Aber auch Geistesarbeiter wissen, wovon die Rede ist. Thomas Mann etwa verstärkte den Wohlgenuss, indem er jeden Tag zum Abendbrot ein Glas Helles trank. »Lehnstuhlbehagen«, nannte er den leichten Rausch, in den ihn das Bier versetzte. »Eine Stimmung von ›Oh wie wohl ist mir am Abend!‹«, rufe es hervor, die »gelegentlich sogar noch einen brauchbaren Einfall mit sich führt.«

Von dieser inneren Ruhe war ich leider weit entfernt. Seit Tagen lebte ich mit Harry und Luigi quasi unter einem Dach. Des Morgens kochte ich ihnen den Kaffee wie eine treusorgende Hausfrau. Mittags setzte ich die Suppe auf. Und weil ich mich inzwischen als talentiertes Lasttier erwiesen hatte, schleppte ich zwischendurch Schutteimer und tonnenschwere Estrichsäcke von da nach dort wie ein nepalsischer Tscherpa. Hätten die beiden mir zum Schichtende ihre durchgelatschten Socken gegeben, ich hätte sie ohne Murren gestopft.

Statt mich in ein Thomas-Mann'sches Lehnstuhlbehagen zu trinken, fiel ich abends ins Bett wie ein Toter. In meinen besseren Träumen lebte ich in einer elysischen Pension mit weichen Daunen, zuvorkommenden Zimmermädchen und einem weiß gestrichenen Frühstücksraum mit gigantischem Büfett. Wörter wie Feinstaub, Mörtel, Asbest, Bitumen oder Teerpappe existierten hier nicht. Harte Arbeit galt als Skandal. Auch der Geldverkehr war abgeschafft, jeder lebte nach seinen Bedürfnissen. In meinen schlechteren Träumen jedoch wartete ein weiterer, immer gleicher Murmeltiertag auf mich. Und so kam es dann ja auch stets: Wenn Der Mit der Flex Tanzt am nächsten Morgen wie durchgeprügelt erwachte, standen wieder nur Harry und Luigi in der Tür.

Maria oben ohne

Unser Weg vom Haus die Straße hoch zum Stift führt ins Mittelalter. Es sei eine dunkle Epoche gewesen, sagt man. Auf die Stiftstraße trifft das noch heute zu – gewunden und schmal, wie sie ist. Wer den Kopf aus dem Fenster steckt, kann die Nachbarin von gegenüber küssen. Aber von Sonne beschienen wird die Szene nur kurz.

Direkt oberhalb unseres Hauses steht der quadratisch-schlichte Burgturm. Wenn ich morgens aufwache, sehe ich ihn durchs Fenster. Ich will nicht sagen, er sei mir ein Freund geworden. Aber eine beruhigende Konstante meines Eifellebens – das ist er. Hoch aufragend und mit Tiefenwirkung. Heutzutage bildet der Turm den letzten Rest der 1239 errichteten Befestigungsanlage gegen die Malberger Raubritter.

In den Kellerverliesen der Burg befanden sich später die Folterkammern des Kyllburger Hochgerichts. Vermeintliche Hexen und Zauberer wurden hier »in die Pein gehängt«, bis sie vor lauter Schmerzen jeden Irrsinn gestanden. Allein von 1589 bis 1593 sollen im Großraum Trier zweitausend Menschen durch die Inquisition zu Tode gekommen sein, schreibt der ehemalige Volksschullehrer Heinrich Gueth. Die letzten Kyllburger Opfer, so Gueths Quellen im Pfarrarchiv, waren die Scholtessen Käth und eine Frau namens Greth. Eine der Frauen brach sofort zusammen, die andere widerstand lange. Man will sich nicht ausmalen, was das bedeutete. Verbrannt wurden sie dort, wo heute der schicke *Eifeler Hof* steht.

In den Turm eingelassen ist das Gefängnis der Anlage. Durch eine Bodenluke seilte man die armen Delinquenten in einen fensterlosen, sechs Meter tiefen und nur vier Quadratmeter kleinen Kerker ab. Ihre Schreie fraßen die meterdicken Bruchsteinwände, ihre Sinne erstarben in der Dunkelheit, ihre physischen Kräfte vernichtete die Mangelernährung. Ein paar Meter weiter bergauf wäre es so manchem Verfolgten vielleicht ein wenig besser ergangen. Denn dort beginnt der Stiftsbezirk. Eine aus dem Sandstein gehauene Hand verweist auf die hier beginnende *Stiftsfreyheit*. Zu alten Zeiten fanden dort Verfolgte Zuflucht, die einer Kriminaltat verdächtig waren. Um dem kurzen Prozess eines Lynchmobs zu entgehen, erhielten sie im Stiftsbering ein temporäres Asyl. Nicht ewig, drei Wochen und drei Tage waren es in der Regel. Die Herren solcher Freistätten unterhielten ihre eigene Gerichtsbarkeit. Der Geflohene konnte dort auf eine fairere Verhandlung hoffen als jene, die ihm jenseits der Mauern zuteil geworden wäre.

* * *

Oben auf der Kuppe angelangt, steht man schließlich vor der mächtigen Stiftskirche. Bis 1930 führte die Stiftstraße genau auf das Nordportal zu. Und endete dort. Inzwischen weicht sie nach rechts aus und schwingt sich in einem Bogen talwärts.

Als wertvollster Schatz gelten die drei Renaissancefenster hinter dem Chor. Sie stammen aus den Jahren 1533/34 und zeigen die Anbetung des eben geborenen Jesus, seine Kreuzigung und Auferstehung. Ganz außerordentlich ist auch der komplett erhaltene Kreuzgang der Anlage. Hier wandelt man um ein Geviert vollkommener Ruhe – mönchischer geht es kaum. Eine Säule, ein Bogen, eine Säule. Schwere Grabplatten an den Wänden, steinerne Skulpturen. Eine halbe Stunde in diesem archaischen Ensemble ersetzt drei Wochen Kurlaub. Die von den Säulen herunterschauenden Fratzen und Monster wiederum scheinen der Hölle entstiegen. Krude Phantasien eines mittelalterlichen Steinmetz', echte Gothic-Gotik. Die Crew vom *Namen der Rose* hätte hier einen idealen Drehort gefunden.

Die größte Anziehungskraft jedoch geht von den Kyllburger Marienfiguren aus. Zentral im Altarbereich steht die Staudenmadonna. Ihr Name rührt angeblich daher, dass sie von Kindern unter einer Haselnussstaude auf dem heutigen Stiftsberg gefunden wurde. Dies geschah just in jenen Tagen des Jahres 1256, da man jenseits der Kyll an der Wilsecker Linde die Stiftskirche bauen wollte. Dreimal jedoch lag das Baumaterial anderntags auf dem Kyllburger Plateau. Der Madonnenfund gab schließlich den Ausschlag, die Kirche genau dort zu errichten.

Der Sandsteinfigur aus dem 13. Jahrhundert galten deshalb auch die Wallfahrten nach Kyllburg. Wenn die

Winter mal wieder zu lang geworden waren und die Ernte auszubleiben drohte, pilgerte man zur Staudenmadonna. Und sang ihr Lieder, die um einen blühenden Frühling warben:

> *Maria, Maienkönigin,*
> *dich will der Mai begrüßen.*
> *O segne seinen Anbeginn*
> *und uns zu deinen Füßen.*
> *Maria, dir empfehlen wir,*
> *was grünt und blüht auf Erden.*
> *O lass es eine Himmelszier*
> *in Gottes Garten werden.*

Die Staudenmadonna wird das ein oder andere Mal geholfen haben. Deshalb gebührt ihr sicherlich der herausragende Platz ganz vorn. Meine persönliche Favoritin jedoch wohnt direkt links in der Turmkapelle: die um 1600 entstandene »Stillende Madonna«. Eine füllige, junge Frau mit beinahe derben Gesichtszügen und ungebändigter, roter Lockenpracht füttert ihren Sohn. Mit einer Hand stützt sie den Jungen auf ihrem Schoß. Die andere hat das Gewand beiseitegezogen und die Brust entblößt, deren realistisch ausgearbeitete Spitze in den Mund des Kindes reicht. Wer diese Seite der katholischen Ikonographie noch nicht kennt, denkt sich: Unglaublich! Maria oben ohne? Bei genauerer Betrachtung jedoch hat die Szene etwas sehr Inniges, Urmütterliches.

Vergleichbare Heiligenfiguren kannte man schon im alten Ägypten, wo die Göttin Isis den Horusknaben stillt. Der Junge entwickelt sich zu einem der frühen Hauptgötter Ägyptens, Herr des Himmels und der Oberwelt. Auch in der griechischen Mythologie kommt der Muttermilch kosmische Bedeutung zu: Hera stößt den allzu stark saugenden Herakles von sich, die herausfließende Milch gebiert die Milchstraße. Herakles wiederum hat genug von dem Zaubertrank genossen, um fortan übermenschliche Kräfte zu entfalten.

Ein paar tausend Jahre später sollten Goscinny und Uderzo die Idee noch einmal aufgreifen, um ihre Comic-Gallier gegen die übermächtigen Römer zu wappnen. Und auch das Christentum kam an einem starken Mythos wie diesem nicht vorbei. Kraftquellen, Heilwasser, die Milch der Gottesmutter – da eröffnen sich diverse Möglichkeiten. Schließlich muss auch eine Kirche ihre Schäfchen mit guten Geschichten bei der Stange halten. Im Gegensatz zu den antiken Religionen hat die christliche jedoch ein Problem: Weibliche Göttinnen kennt die patriarchale Gemeinde nicht. Maria mag die Gottesmutter sein, aber sie bleibt ein Mensch. Und deshalb kann eigentlich auch ihre Milch nicht göttlich sein. Wie aber – um Himmels willen – passt das zu den mancherorts geradezu obszönen Darstellungen ihres nackten Busens? Die Brunnen einiger Wallfahrtsorte versprühen sogar ihre Fontänen durch die Brüste Marias – da muss also doch was dran sein, an diesem Trunk.

Um das Dogma zu befriedigen, fanden die christlichen Exegeten eine überraschende, um nicht zu sagen: ausgesprochen schräge Lösung. Wenn Gott Ursprung von allem ist, erklärten sie, dann auch von der Milch Mariens. Maria lactans mag also auf einer weltlichen

Ebene ihren Sohn gestillt haben. Aber im religiösen Sinne erfreut stattdessen sie sich der Milch ihres göttlichen Sohnes.

Wer sich darauf logisch einlässt, landet schnell in Absurdistan. Im nächsten Gedankenschritt nämlich saugt Jesus dann an seinen eigenen Brüsten. Ergo: Jesus, der Sohn Gottes, der für uns alle den Tod am Kreuz starb, wird gemäß christlicher Umdeutung zum Transgenderwesen, wie man heute sagen würde. Und das alles nur, um den Frauen das Tor zur Göttlichkeit zu verbauen.

Wenn ich heutzutage zur Stifskirche hochgehe, drehe ich eine stille Runde um den Kreuzgang und setze mich dann zur rothaarigen Maria. Und dann sieht die Sache schon wieder ganz anders aus. Denn diese Frau vermittelt dem Zweifler ausgesprochen glaubwürdig, dass sie sich für die geschilderten Spitzfindigkeiten überhaupt nicht interessiert. Göttliche oder gar sexualisierte Nacktheit: nicht ihr Thema. Stattdessen sehen wir eine vitale Mutter, deren gesenkter Blick nur ihrem Kind gilt. So schlicht die Geste, so simpel manch andere Erklärung. Denn man kann dieses logische Knäuel auch einfacher lösen: In Zeiten hoher Kindersterblichkeit spendete die Stillende Madonna den trauernden Eltern Trost. Andere wiederum ermahnte sie: Rabenmütter zum Beispiel oder adelige Damen, die ihre Neugeborenen am Busen von Ammen aufwachsen ließen. Zu guter Letzt hat die Gottesmutter über die Jahrhunderte auch in der Bibelexegese eine Entwicklung durchgemacht. Zart wie ein Gazeschleier hat sich der Hauch des Göttlichen über sie gelegt. Als hätte man sich bewusst wieder den alten ägyptischen Mythen angenähert, stieg Maria in übersinnliche Sphären auf. Und als himmlische Gestalt ist dann natürlich auch ihre Milch von elysischer Qualität.

* * *

Die Dämonisierung des Weiblichen hat Tradition. Die Eifel bildete da keine Ausnahme. Im Sommer 1851 musste sich der Trierer Kurfürst Franz Georg mit Beschwerden über jugendliche Viehhüter/-innen befassen: »So haben überhaupt die Seelsorger geklaget, was gottlose und ärgerliche Bubereyen bey Tag und Nacht von beyderley Geschlecht Jugend, so sie die Eltern zur Viehhut ins Feld schicken, ausgeübet werden«, beschreibt er den Sachverhalt. Und wie der Teufel den Schnaps gemacht hat, so formte er wohl auch das Weib. Anders ist des Kurfürsten Beschluss nicht zu verstehen: »Da wir nun schon mehrere heilsame Befelcher ergehen lassen, dass keine Weibspersonen zur Viehhut sollten eingesetzt werden, dass wenn die Eltern nur Mägdlein hätten, sich Mannsbilder andingen sollen, dass die Eltern welche Töchter und Mägd zur Viehhut einsetzen, mit einer Straf von zwei Goldgulden belegt werden.«

Besonders zu leiden hatten die Frauen und Mädchen der Eifel unter den permanenten Truppendurchmärschen. Die Region bildete über Jahrhunderte die Pufferzone zwischen den Erzfeinden Frankreich und Deutschland. Marodierende Haufen verfeuerten das Holz, plünderten die Vorratskammern und vergewaltigten die Frauen. Auch die als »Befreiungsarmee« marschierenden antinapoleonischen Truppen waren da keinen Deut besser.

Und selbst der Fortschritt konnte Unglück bringen. Der Bau des Wilsecker Eisenbahntunnels ab 1865 spülte Fremdarbeiter aus ganz Europa in die Region. Polen, Franzosen und Italiener machten die Gegend unsicher, vor allem die Eltern junger Frauen. Während Wilsecker heute über keine eigene Kneipe mehr verfügt, baten damals gleich drei Gasthäuser zum Tanz. Manch Eifelmädchen heiratete einen Eisenbahner und entschwand in südliche Gefilde. Manch andere jedoch wurde »von ihrem Verführer in Schande zurückgelassen«. Nebenan in Kyllburg wiederum freute sich der Pfarrer nach der Verabschiedung der letzten Kriegsgefangenen 1918: »Unsere Mädchen haben sich gottlob so gehalten, dass hier keine jungen Russen oder Franzosen zurückgeblieben sind, wie es in vielen Pfarreien geschehen ist.«

Wer ganz unten in der Hierarchie stand, hatte kaum eine Chance aufzusteigen. Um überhaupt eine Beschäftigung zu ergattern, schickten verzweifelte Eltern ihre Kinder auf sogenannte Gesindemärkte. Hier boten sie keine Waren feil, sondern sich selbst. Man muss sich solch ein Ereignis wohl als eine Art Sklavenbasar vorstellen: Aufgereiht wie Viecher die Jobsuchenden, während Großbauern und Kaufleute sie auf ihren Wert als Knecht oder Magd hin taxierten. Früh schon gab es Gegner. Der Landrat Max von Kesseler schaltete 1906 eine Anzeige in der *Bitburger Zeitung*, in der er die Gesindemärkte als »menschenunwürdig« bezeichnete. Statt zu zwielichtigen Menschenhändlern solle man seine Tochter besser zu den Franziskanerinnen schicken. Die unterhielten, so der Landrat, ordentliche Vermittlungsbüros. Aber seine Kampagne verlief im Sand. Gesindemärkte wurden in der Eifel noch bis in die 1950er Jahre abgehalten.

Das vielleicht eindrücklichste Dokument zur Rolle der Eifelfrau in alter Zeit ist Clara Viebigs Roman *Das Weiberdorf*. Er spielt auf dem Hintergrund der großen Krise, die die Industrialisierung der Eifel bescherte. Um die Mitte des 19. Jahrhunderts überschwemmte billiges Eisen aus England den europäischen Markt. Das Eifeler Klein- und Kleinsthüttenwesen brach daraufhin binnen weniger Jahre komplett zusammen. Tausende Hüttenarbeiter, Köhler, Handwerker und Fuhrleute wurden arbeitslos. Viele von ihnen wanderten ab, in die aufstrebenden Städte des Ruhrgebiets. Die Folge: So manches Eifeldorf wurde »entmannt«, es blieben nur die Alten, Kranken und Kinder zurück.

In ihrem Buch beschreibt Clara Viebig das Leben in solch einem »Weiberdorf«. Der reale Ort Eisenschmitt ist in ihrem Werk als »Eifelschmitt« nur vage getarnt. Wie der Name sagt, existierten dort Eisenvorräte im Fels. Aber auch Eisen-/Eifelschmitt war irgendwann nicht mehr konkurrenzfähig. Nur alle paar Monate – bei Viebig zwei Mal im Jahr – kommen die Männer auf Urlaub nach Hause. Die restliche Zeit führen ihre Frauen nicht nur den Haushalt und ziehen die Kinder groß, sondern bewirtschaften zudem die Felder und kümmern sich – falls vorhanden – um das Vieh. Was die in Trier geborene Autorin aus dieser Geschichte macht, ist ein Stück expressiv-naturalistischer Literatur. Vordergründig kommen die Frauen von Eisenschmitt dabei nicht besonders gut weg: Wie die Krähen hacken sie einander die Augen aus. Der Männermangel bringt ihre frivolen, nicht selten vulgären Seiten ans Tageslicht, gepaart mit einer derben Lebenslust. Sei es der Gendarm, der Handelsreisende oder das leicht verkrüppelte, im Dorf verbliebene »Pittchen« – jedes Mannsbild wird umgarnt. Als der Roman 1900 erschien, setzte die katholische Kirche ihn umgehend auf den Index. Ein unsittliches Machwerk, so lautete der Vorwurf. Ebenso prompt soll eine aufgebrachte Frauenhorde von Eisenschmitt gen Manderscheid gezogen sein. Mit Mistgabeln im Arm und Todesflüchen auf den Lippen hätten sie das Ferienhaus der Schriftstellerin belagert, heißt es. Und noch 1990, als in Eisenschmitt der Dorfbrunnen mit Motiven ihrer Geschichte eingeweiht wurde, hagelte es Proteste aus der Bevölkerung.

Was die Kritiker in ihrer Empörung jedoch übersahen, ist der emanzipative Aspekt in Viebigs Roman. Hier werden über Jahrhunderte zementierte Rollenbilder gesprengt. Diese Frauen sind sexuell offensiv, nicht auf den Mund gefallen und »stehen ihren Mann«. Und ganz nebenbei leistete Clara Viebig auch noch Kulturarbeit für den Landstrich. Nicht zuletzt die negative Publicity sorgte für einen Verkaufserfolg. Das *Weiberdorf* wurde zum Bestseller und verwandelte die Eifel, Preußisch-Sibirien, in eine Literaturlandschaft.

* * *

Die Kyllburger Madonnen und die Frauen von Eisen-/Eifelschmitt: Auf ihre Art sind sie Pionierinnen. Vielleicht war die deftige Marienfigur aus der Stiftskirche für so manches Eifelmädchen auch eine Mutmacherin.

»Mach dein Ding«, »Wir schaffen das«, um zeitgenössische Sprüche zu zitieren. Oder besser: Wer in sich selbst ruht, hat nichts zu fürchten. Schon der heilige Bernhard attestierte der Stillenden Madonna die Fähigkeit, die Menschen zu erleuchten. Auf historischen Gemälden, die heute recht befremdlich wirken, trifft Mariens Milchstrahl mal seinen Mund, mal die Stirn. Das Kind hat dieses oder jenes »mit der Muttermilch aufgesogen«, sagt man. Und darin liegt vielleicht die schönste Deutung der Kyllburger Madonna: dass sie Weisheit spendet.

Ende des 19. Jahrhunderts standen die Kyllburger vor einer schwierigen Entscheidung. Im ganzen Land wuchsen monumentale Bismarcksäulen aus dem Boden, die dem Vereiniger des Reiches huldigten. Auch in Kyllburg wurde darüber diskutiert, ein solches Projekt zu stemmen. Aber so viel man den Preußen auch zu verdanken hatte: Die Statue eines Protestanten sollte nicht vom Rosenberg herunter grüßen. Da aber nun das Geld schon einmal vorhanden war, entschied sich der Verschönerungsverein für eine andere Lösung. Und so feierte man am 30. Oktober 1886 die Einweihung einer schmucken, schlanken, gänzlich unmartialischen Mariensäule. Wessen Milch auch immer dabei im Spiel gewesen sein mag – das war allemal eine weise Entscheidung.

Ich bin dann mal auf ein Bit

Bitburger, das weltberühmte Pils der Eifel, stammt ursprünglich aus Kyllburg!

Als ich das zum ersten Mal las, hm, überkam mich ein seltsames Gefühl. Ich forschte ihm nach und stellte fest: Das Gefühl heißt Stolz. Und das wiederum konnte nur bedeuten, dass ich zu Teilen bereits Kyllburger war. Auf jeden Fall meine Leber.

Als Kölner kommt man aus einer Stadt, in der dutzende Brauereien ansässig sind. Es gibt einen Brauerverband mit einer eigenen »Kölsch-Konvention«, und inzwischen hat man sich den Namen sogar von der EU schützen lassen. Keine Kölschsorte jedoch ist auch nur annähernd so erfolgreich wie das Bier aus Bitburg. Und zu verdanken haben die Erben dies einem Kyllburger: Johann Peter Wallenborn.

Wo heute der imposante *Eifeler Hof* steht, befand sich Anfang des 19. Jahrhunderts die Brauerei Simon. Weiter unten, in der Mühlengasse, produzierte der Konkurrent Wallenborn. Und jetzt wird es ein bisschen kompliziert: Johann Peter Wallenborn, gelernter Brauer, wanderte 1816 nach Bitburg aus. Dort gründete er im Jahr darauf, was sonst, eine Brauerei. 1842 dann ehelichte Johanns Tochter Elisabeth mit Ludwig Bertrand Simon einen Enkel des verbliebenen Kyllburger Braumeisters. Die Kyllburger Simons brauten, das belegen die alten Unterlagen, noch einige Jahrzehnte weiter. Der Wallenborner Zweig hingegen hat die Sudkessel spätestens 1867 stillgelegt. In Bitburg jedoch ging es seinerzeit erst richtig los. 1876 übernahm der damals 29-jährige Theobald Simon das Ruder und erwies sich als Visionär. Er stellte die Produktion auf das technisch anspruchsvollere Pils um, braute also fortan untergärig. Er modernisierte die Kühlmethoden und entdeckte die Vorteile des Fassversands. »Bitburger« wurde überregional bekannt, eroberte Rheinland und Ruhrgebiet. Unter Theobalds Ägide stieg der Ausstoß von 1.000 auf 30.000 Hektoliter jährlich.

Was Kyllburg blieb, war der Hopfen. Er zaubert das Bittere ins Bier und fördert die Steifheit der Schaumkrone. Heutzutage denkt man bei Hopfen an die bayrische Hallertau, die Eifel hingegen bringt man schwerlich mit der Ranke in Verbindung. Im 19. Jahrhundert jedoch waren die Hänge des Kylltals ein Zentrum des deutschen Hopfenanbaus. Auf Fotos aus jener Zeit sieht man den Wald vor lauter Hopfenstangen nicht. Abertausende Pflanzen wuchsen zwischen Malberg, Kyllburg und St. Thomas in die Höhe. Selbst die Gärten links und rechts der Straßen und hoch zur Stiftskirche wurden bepflanzt. Die britische Reiseschriftstellerin Katherine Macquoid schrieb 1895: »Als wir am nächsten Morgen hinausschauten, schien die Sonne strahlend auf einen kleinen Hopfengarten. Die Wirkung von so viel schwankendem grünen Laub war herrlich. Jedermann schien in Kyllburg einen Hopfengarten zu besitzen, und alle waren fleißig dabei, Hopfen zu pflücken.«

Aber schon in den Jahren zuvor waren die Preise für das »Grüne Gold« total eingebrochen. Die Konkurrenz aus Süddeutschland sollte letztendlich siegen. 1907 in Kyllburg, 1910 in Malberg und St. Thomas wurde der Hopfenanbau gänzlich eingestellt. Voller Wehmut schickte der Eifelverein 1927 einen Blick zurück: »Welch ein Genuß war es, durch die blühenden Hopfengärten zu wandeln und den kräftig würzigen Blütenduft zu trinken! Seit ungefähr 20 Jahren ist die ganze Herrlichkeit verschwunden.« Um dann ein wenig verschwurbelt fortzufahren: »Vorbei wie jene gute, alte Zeit, da es zum Attribut einer sorgsamen Hausfrau gehörte, dem Eheherrn selbstgebrautes, kräftiges Hausbier vorsetzen zu können, wie es die Germanin tat, wenn sie den jagd- und kampfmüden Germanen in der Halle in riesigen Trinkhörnern den berauschenden Met, selbstgebraut, zum gastlichen Willkommen bot.«

Ja, solche Germaninnen sind tatsächlich ausgestorben. Eine Schande ist das. Dem Recken, der heute jagdmüde heimkehrt, wird kein Trinkhorn mehr gereicht. Der macht sich eine Pulle aus dem Supermarkt auf. Hopfenranken findet man in Kyllburg heute nur noch sehr selten – als verwilderte Nachkommen einer einstigen Kulturpflanze. Im Wald versteckt existieren jedoch noch die alten Hopfenterrassen. Wie große Stufen hatte man sie einst in die Steilhänge am Fluss gearbeitet, um dort hunderte kleiner Felder anzulegen. Die roten Sandsteinmauern sind inzwischen vermoost, von Gestrüpp überwachsen und brüchig geworden. Hopfenranken wachsen in knapp drei Monaten acht Meter in die Höhe. 30 Zentimeter täglich sind kein Problem, man kann diese Pflanze buchstäblich wachsen sehen. Aber dafür benötigt sie Licht, das heute nicht mehr bis zum Boden dringt. Denn statt Hopfenstangen bevölkern wieder Buchen, Eichen und Fichten die Hänge. Bierbrauen kann man mit denen nicht.

* * *

Die Idee, nach Bitburg zu pilgern, kam mir, als ich erstmals das wackelige, alte Kabuff in unserem Garten untersuchte. Neben allerlei Bauschutt und alten Möbeln klemmten da ein paar lange, dünne Hölzer in der Ecke. Auch diese Bohnenstangen erinnerten an längst vergangene Zeiten. Schneide dir einen Pilgerstab daraus und folge dem Pfad des Bieres, sagte eine Stimme. Und auf solche Orakel soll man bekanntlich hören. Sonst schlägt das Schicksal zu.

Um nichts zu überstürzen, machte ich es wie die alten Germanen. Laut Tacitus trafen sie wichtige Entscheidungen im Rahmen wilder Gelage. Was im Rausch beschlossen wurde, musste jedoch am nächsten Morgen noch einmal nüchtern überdacht werden. Und umgekehrt galt: Klaren Kopfes gemachte Abkommen wurden zünftig begossen, bevor man sie tatsächlich absegnete. Ich durchlief diesen weisen Prozess mit einem feuchtfröhlichen Samstag in der *Brückenschänke* und einem bitteren Sonntag auf dem Sofa. Das Ergebnis blieb dennoch das gleiche: Auf nach Bitburg!

Was mich erwartete, war nicht der Weg des heiligen Jakob, zugegeben. Aber immerhin ein Ceres-Pfad. Die römische Göttin des Getreides steckt hinter cerevisia, dem lateinischen Wort für Bier. Es hat sich zum Beispiel im spanische Cerveza erhalten. Auch mochte mein Ziel nicht mit der Pracht von Santiagos Kirche in Galicien mithalten können. Aber dafür steuerte ich einen Tempel traditionsreicher Bierkultur an: die museal aufbereitete Brauerei in Bitburg.

Um acht Uhr brach ich auf. Schon nach wenigen Schritten missfiel mir der Bohnenstock. Ich fühlte mich ausgestellt wie ein schräger Waldschrat, den alle anstieren. Der Stock verfügte über keinerlei griffiges Profil, und er machte mit jedem Aufsetzen Geräusche. Außerdem beschäftigte mich die Frage, wie man solch einen Pilgerstab richtig benutzt. Offenbar setzte ich ihn ohne nachzudenken mit jedem dritten Schritt auf, aber war das logisch? Und vor allem: effizient? Möglicherweise kaschierten diese albernen Überlegungen die Angst, die mir die bevorstehenden 25 Kilometer machten. Für den Mittag waren 30 Grad angesagt, und die Eifel ist gebirgig. Ob jemals ein richtiger Pilger aus mir würde, wissen wohl nur Ceres und der heilge Jakob.

Um hoch nach Wilsecker zu gelangen, kreuzte ich den Campingplatz. Ein früher Holländer stand für Brötchen an und rauchte. Wie einfach das Leben sein kann. Vor seinem Kneipenrestaurant saß der Chef und blinzelt zu mir herüber.

»Kennst du mich noch?«, rief ich.

»Klar«, erwidert er grinsend, »Sambuca.«

Offenbar bekommt jeder Mensch den Spitznamen, den er verdient.

Als ich die Wilsecker Straße erreichte, näherte sich ein Auto und hielt neben mir an. Ich kannte die Fahrerin aus dem Supermarkt.

»Wo wollen Sie hin?«

»Nach Bitburg«, sagte ich.

»Oh«, sagte sie, »ich auch, steigen Sie ein.«

15 Minuten statt sechs Stunden – ich hätte meine Tour enorm verkürzen können. Dieses Wegstück führt brutal nach oben, eigentlich bräuchte ich Steigeisen statt meines Pilgerstabs. In Ermangelung von Wanderschuhen hatte ich meine klobigen Arbeitsstiefel an, deren Stahlkappen sich allmählich in die Füße frästen. Es war seltsam, beinahe irre, das Angebot der Frau abzuschlagen. Dementsprechend sah sie mich auch an, bevor sie wieder Gas gab. Der kommt bestimmt aus der Stadt, schien ihr Blick zu sagen.

Als das Auto entschwand, fragte ich mich, wie die Pilgerprofis das machten. Widerstanden die solchen Verlockungen, ohne mit der Wimper zu zucken? Wäre Hape Kerkeling eingestiegen? Dass ich als Etappenwanderer ein blutiger Anfänger war, sollte ich später noch deutlicher merken. Ich hatte weder eine Wasserflasche noch Proviant eingepackt. Oben an der Wilsecker Linde fiel ich erschöpft auf eine Bank. »Schnappatmung« war nur eine matte Umschreibung meines Problems. Ich fühle mich wie Hillary auf dem Everest. Auf einem Schild stand: *Kyllburg 1,5 km.*

Dieser Baum, die Wilsecker Linde, soll über tausend Jahre auf dem Buckel haben. Aber gut, der hat sich auch nie hier fortbewegt. In alten Berichten ist stets von einer mächtigen Linde die Rede. Stürme und Blitzeinschläge kappten jedoch die Krone, die heute nicht mehr als acht Meter in den Himmel ragt. Wo Äste abfielen, sind runde Wülste gewachsen, die wie Zyklopenaugen in die Landschaft starren. Untenherum halten Eisenstangen das hohe Gerippe zusammen. Dennoch schlägt der Baum jedes Jahr aufs Neue aus.

Hinter Wilsecker führt der Weg in den Wald, hinunter zum Fluss, zu den Gleisen der Eifelbahn. Der verdammte Stab hatte Blasen an meinen Händen generiert. Jedenfalls fühlte es sich so an. Beinahe hätte ich ihn an der Wilsecker Ruhebank stehen lassen. Aber dann war ich sogar ein Stück zurückgegangen für ihn. Ceres hätte mir das sonst sicher nicht verziehen.

In Kyllburg kursiert die Legende vom Kloppemännchen, einem Kobold, der seinen Spuk in den umliegenden Wäldern treibt. Er trägt einen runden Hut und einen langen, grauen Umhang. Grau ist auch die Farbe seines nicht besonders freundlichen Gesichts. Der kleine Kauz gilt als begabter Kletterer, der selbst die höchsten Bäume in Windeseile erklimmt. Seine liebste Beschäftigung jedoch ist es, einsame Wanderer zu erschrecken und ihnen den ein oder anderen Streich zu spielen. Immer schmaler wurde der Weg. Immer zugewachsener auch, ich entdeckte nicht eine menschliche Fußspur.

Über mir streckte sich die mächtige Kylltalbrücke, 223 Meter Beton in 93 Metern Höhe. Jeden Moment erwartete ich, dem Kloppemännchen zu begegnen. Aber hier unten sagten sich offenbar nur Fuchs und Hase gute Nacht.

Die Sonne brannte inzwischen vom Himmel wie im kalabrischen August. Unten am Fluss saß eine Familie vor ihrem Gartenhaus und grillte. Ich kam mir vor wie eines ihrer Würstchen. Mein Pfad verließ nun das Kylltal und kletterte in brachialen Serpentinen zur Hochebene hinauf. Kein Schatten, nirgends. Der Prümer Dechant von Pidoll wandte sich 1785 mit einer seltsamen Depesche an die Kurtrierische Regierung. Darin bat er darum, dass den Mönchen des Prümer Benediktinerklosters »in dasiger kalter Gegend mildest gestattet werde, ihr Haupthaar etwas länger wachsen zu lassen«. Das waren noch Zeiten.

Am ungefähr dreihundertsten Wegekreuz fiel mir wieder das Gesicht des Gekreuzigten auf. Diese ganz alten, aus dem Sandstein gehauenen Figuren erinnern an Halloweenmasken. Immer wirken sie ein bisschen gruselig, als entböten sie dem Fahrenden nicht Schutz und Segen, sondern warnten ihn vor den Gefahren der Fremde. Die Wilsecker Dorfchronik weiß von einem Hund, die »Augen so groß wie Eier und Haare so rau und lang wie ein Ziegenbock.« Zwölf Beine habe das Ungeheuer, das Reisende in Angst und Schrecken versetze. Wer es bannen wolle, habe das Kreuzzeichen zu machen und auszurufen: »Bist du von Gott, so gehe zu Gott, bist du vom Teufel, so gehe zum Teufel!«

Für solch einen ausufernden Spruch war ich aber längst zu schwach. Im Notfall müssten mir die Stahlkappen helfen. Oder der vermaledeite Stock.

Als ich schließlich das Plateau gen Mötsch erreichte, schien jedoch etwas mit mir passiert zu sein. Keine Spur von Erschöpfung mehr, stattdessen ein

Hochgefühl wie im Drogenrausch. Diese Landschaft, wie schön das hier war! Offenbar war ich dabei, meinen Rhythmus zu finden. Und der wunderbare Bohnen-Hopfen-Wanderstock gab ihn vor. Tock-tack, tock-tack, tock-tack. Ein leichter Wind beförderte die Regenerierung. Für ein Weilchen bildete ich mir ein, fliegen zu können. In der Ferne tauchte die Silhouette von Bitburg auf.

* * *

Beda, wie die alten Römer es tauften, begrüßte mich mit den Insignien der Vorstadt. Steingärten, bunte Dachziegel, Fertigbaucarports mit blitzblanken Familiendroschken, deren Weg vom Büro tagtäglich durch die Waschstraße nach Hause zu führen schien. Betonlöwen auf antikisierten Säulen bewachten Auffahrten, Gabionen, Thuja- und Lorbeerhecken verdeckten den Geranienoverkill der Fenstersimse. Auf ihren Sonnenterrassen dösten die Pensionäre dem Nachmittag entgegen, während ihre Enkel auf knatschbunten Schaukeln und den unvermeidlichen Trampolins herumtollten. Wer sich ein wenig abheben wollte, setzte sich eine englische Telefonzelle vor die Tür und den Gartenzwerg als ironischen Tupfer neben das Koibecken. Ich überlegte noch, was ich übersehen haben könnte, als ich plötzlich vor einem harten Bruch stand. Ein Miethaus, wohl um die acht Stockwerke hoch. Und davor eine Teppichstange samt darüberlappendem Teppich. Hier wohnten Menschen, die keinen Staubsauger besaßen? Die Teppiche noch auskloppten? Wie rührend.

Kurz danach landete ich vor dem Krankenhaus. Da standen, wie vor allen Krankenhäusern, die Quarzer. Viele von ihnen hingen am Tropf und hielten Kippe und Kanüle fest umklammert, während sie sich die Seele aus dem Leib husteten. Auf Bitburgs Straßen flirrte der Asphalt, wenn er nicht gerade aufgerissen wurde. Die Sonnenbrillen waren frisch geputzt, kein Kind ohne Eis in der Hand. Der Pilger krempelte sich die Ärmel hoch und stakste mit Siebenmeilenstiefeln zum Hotel. »Ist das ein Wanderstock?«, fragte die Frau an der Rezeption mit großen Augen. Aber als ich ihr von meiner Tour erzählte, winkte sie erleichtert ab. Offenbar hatte sie mich für den Räuber Hotzenplotz gehalten.

Als Verneigung vor der Eifeler Vergangenheit hatte ich mir einen Kartoffelauflauf bestellt. Körperlich fühlte ich mich danach gestärkt, nur die Beine hatten gelitten vom langen Marsch. Das Ziel meiner Reise erreichte ich auf nackten Knöcheln. Aber immerhin wurde ich in der Bitburger Brauerei nicht als Strauchdieb, sondern als Ehrengast empfangen.

»Es ist besser, wenn Sie sich für Ihre Führung anmelden«, hatte mir die Frau am Telefon gesagt. Als ich jedoch Punkt 15 Uhr in den heiligen Hallen an der Römermauer eintrudelte, war ich der einzige Interessierte. Der Führerin wie mir war die Situation zunächst ein bisschen unangenehm. Das war so etwas wie ein Blind Date hier, wenn auch mit anderen Vorzeichen. Das Schicksal hatte uns zusammengeführt, wie Robinson und Freitag. Wir würden Wurzeln suchen gehen, die Wurzeln des Bitburger Bieres. Zum Glück erwies sich Frau M. als eine außerordentlich nette Person. Und sie wusste einfach alles über ihre Pappenheimer.

Die Simons – »Simmons«, sagte Frau M. – führten mittlerweile in siebter Generation das Zepter. Bitburger sei also noch immer in Familienhand, allen Globalisierungstendenzen zum Trotz. Zwanzig Minuten später kannte ich sie alle: Johann Peter, den Kyllburger Pionier, Ludwig Bertrand, Theobald, Josef und den zweiten Bertrand, Hanns, Bert und den zweiten Theobald, Axel, Michael und Thomas, schließlich Jan und Matthäus.

Eine tragende Säule des Erfolgs mag das aus tausend Meter Tiefe heraufgepumpte Triaswasser sein. Eine andere die Nähe zum Hopfen in den Anfangsjahren. Unschlagbar jedoch ist der Slogan »Bitte ein Bit«. Angeblich geht er auf einen Kellner zurück, der Bert Simon bediente. Der steckte ihn seinem für das Marketing verantwortlichen Bruder Theobald. Dieser erkannte das Potenzial des Spruchs. 1951 präsentierte er »Bitte ein Bit« auf der Kölner Anuga, der traditionsreichen Nahrungs- und Genussmittelmesse. Heutzutage dürfte es kaum einen Biertrinker geben, der die Alliteration nicht kennt.

Mit dem letzten Raum nahm der Tag für mich noch mal eine ganz neue Wendung. In dieser riesigen Halle nämlich steht ein Tresen und dahinter ein Zapfmann. Der Pilger hatte sein Ziel erreicht, jetzt war es an der Zeit, die Sakramente zu empfangen. Es waren zwar nicht Blut und Leib Christi, die mir dann kurz darauf dargebracht wurden. Aber dieses mit Liebe gezapfte Pils samt der Laugenbrezel wirkte auch sehr segensreich.

»Wir haben jetzt auch alkoholfreies Bier mit Grapefruit im Programm«, sagte der Kellner.

»Na, lass mal«, antwortete ich glücklich.

Auf der kinogroßen Leinwand lief eine Selbstdarstellung der Brauerei, aber das zweite Glas brachte mich auf andere Gedanken. Du musst da nicht mehr zuhören. Du hast hart geschuftet, Bernd. 25 Kilometer gewandert, danach kreuz und quer durch Bitburg geschlurft und schließlich die gesamte Brauereiausstellung durchlaufen. Jetzt muss auch mal gut sein.

Draußen vor den Ausstellungshallen steht der 1937 gestiftete Bierbrunnen. Eine seiner Leitungen ist tatsächlich dem Gestensaft vorbehalten. Umlaufende Reliefs beleuchten den Weg der Bierproduktion von den Ägyptern bis heute. Zu besonderen Anlässen wird der Brunnen angeschmissen. Dann sprudelt dort Pils statt Wasser.

So ein Teil bräuchte ich jetzt, sagte ich mir und machte mich auf die Suche nach einer guten Kneipe.

* * *

Es ist eine Kunst, in fremden Orten den richtigen Tresen zu erwischen. Der Laden sollte die Region repräsentieren, zugleich aber nicht allzu viele Touristen anziehen. Auch allzu leer sollte er nicht sein, sonst wird der Abend zu trostlos. Mal eben reinschauen, die Lage checken und dann womöglich wieder abdrehen, gehört sich nicht. Erfahrene Kneipengänger haben Sensoren dafür, wie es innen aussieht.

Wo ich letztlich einkehre, hängt auch vom Namen ab. Ohne Speisekarte ist zum Beispiel besser als mit. Im

Hannen-Eck ist es immer schöner als im *Roten Ochsen*. Das *Bier-Stübchen* wartet mit interessanteren Schluckspechten auf als der *Goldene Pflug*. Und wenn dann ein Lokal sogar *Bei Christa* heißt, tja, dann nichts wie hinein.

Die Bitburger Christa ist genau die Person, die ich erwartet hatte. Eine verblühte Schönheit in ihren späten Sechzigern, der man ansieht, dass sie einige harte Zeiten hinter sich hat. Die Haare sind noch immer blond, die Handrücken gefleckt. Die Christas dieser Welt haben keine Angst vor gar nichts. Weil sie schon alles erlebt – und überlebt – haben. Zwölfbeinige Hunde verspeisen sie zum Frühstück, und die Stammgäste wissen das. Solche Frauen strahlen eine schwer zu beschreibende Autorität aus, die man beinahe Aura nennen könnte. Jedenfalls liegt sie weit jenseits von Muskelkraft oder Lautstärke. Ihr rauer Charme legt sich sogleich auch über den Neuling. Er wird umstandslos geduzt, bald beim Namen genannt, und wenn er sich nicht allzu dumm anstellt, sagt Christa am Ende so etwas wie: »Kannst wiederkommen, Kleiner.«

Mit dem Eintritt stand ich in einem langen Schlauch, durch den sich eine endlose Theke zog. Dort saßen die Trinker, aufgereiht wie an der Leine. Beschallt von Ballermannschlagern, blickten wir auf ein kompromisslos bestücktes Schnapsregal. Bei Christa ging der Mariacron noch so gut wie das Schlehenfeuer. Und selbst die Flasche Ramazzotti Menthol war halbleer. Wer so etwas trinkt, den bringt nichts mehr um, sagte ich mir. Und bestellte ein Glas.

Ich war in einer echten Kaschemme gelandet, keine Frage. Christas Kneipe erinnerte an die mittelalterlichen Sagen vom »Nobiskrug« – die Schänke als Vorzimmer der Hölle. Dort trinken die (Un-)Toten und zapft der Gehörnte persönlich. Wer einmal eintritt, kommt nie wieder raus, der Nobiskrug ist das Hotel California der Pichelbrüder und -schwestern. Denn der Teufel schenkt immer nach, unerbittlich, das ist sein Konzept. Ein berühmter Nobiskrug des 18. Jahrhunderts war *Auerbachs Keller* in Leipzig, wo Goethe als Student verkehrte. Später im *Faust* ließ er ebenjenen zusammen mit Mephistopheles dort auflaufen. In der berühmten Szene narrt der Teufel die großspurigen Studenten mit Zauberstücken, um den zweifelnden Faust aufzuheitern. Die Figurengruppe von Deibel und Doktor vor *Auerbachs Keller* schuf wiederum ein Bitburger, genauer: Pickließemer: Mathieu Molitor (1873-1929), Sohn eines Eisenbahners, Maler und Bildhauer.

Die Bitburger Christa scheint viel vom Nobiswirt gelernt zu haben. *11-13 Uhr: Obstler und Balsam 1 Euro*, steht auf ihrer Tafel. *14-16 Uhr: Stubbi 1 Euro.* Und zwischen 13 und 14 Uhr gibt es bestimmt die Erbsensuppe für 50 Cent. Toll, sagt man sich da, das ist das Schlaraffenland hier. Vielleicht dachte auch Vera einst so, die Frau, neben der ich gelandet war. Sie mochte Anfang vierzig sein und wirkte nicht mehr besonders frisch heute. Ihre Zunge bewegte sich nur noch bleischwer durch den Mundraum, außer beim Trinken. Wenn Vera bestellte, dann stets ein großes Glas Viez und einen Shot Wodka. Und Vera bestellte häufig, gern auch auf halber Strecke. »Schatzi, schenk mir ein Foto«, schallte es aus den Boxen. »Es ist ein Brauch von alters her, wo Sorgen sind, ist auch Likör«, dichtete Wilhelm Busch.

Veras Leben wurde offenbar von vier amerikanischen Soldaten ruiniert. Jeder schenkte ihr einen Sohn, ohne sich um die Konsequenzen zu scheren. So erzog Vera das Quartett eben allein und so gut es geht, wenn man von Sozialhilfe und Alkohol abhängig ist. Jedes Kind suchte seinen eigenen Weg, um Vera unglücklich zu machen. Ihr Ältester, erzählte sie, sitze wegen einer Drogensache im Knast: »Der ist zur Zeit mein größter Sorgenfall.« Nesthäkchen Bastian hingegen, den sie nach der gleichnamigen Fernsehserie mit dem hübschen Horst Janson taufte, »ist wahrscheinlich schwul.«

Ihr Söhne mochten es nicht, dass sie zu Christa ging.

»Wie oft bist du denn hier?«, fragte ich.

»Jeden Tag«, antwortete sie.

»Hm, das kann man natürlich auch für übertrieben halten.«

»Ist mir völlig latte«, sagte Vera mit einer wegwerfenden Handbewegung, »was bleibt mir denn sonst.« Dann widmete sie sich ihrem Viezeimer und taucht ab in eine Phase schweigenden Trinkens.

Hinten am Tisch stritten sich die Skatspieler. Sie diskutierten im Dialekt, es ging wohl um Unregelmäßigkeiten beim Aufschreiben der Punkte. »Wall kalewen aber de Ochsen« schrie schließlich der mit dem Pepitahütchen und schmiss die Karten erbost auf den Tisch. Der aus Gerolstein stammende Ex-Bundesminister Alois Mertes war wegen seiner Mundart einst aus der Deutschen Botschaft in Moskau geflogen. Mit den Kollegen aus Luxemburg, Belgien und Frankreich hatte er sich am Telefon auf Moselfränkisch unterhalten. Weil der russische Geheimdienst nicht imstande war, diesen Code zu dechiffrieren, sorgte man für Mertes' Ablösung. Der Schreihals bei Christa durfte bleiben. Aber jetzt war er beleidigt und zahlte.

Vera befriedete die Gemeinde mit einem Spruch: »Droge kommt von trocken, und Bier ist nass. Also kann Bier keine Droge sein.« Am Tresen wurde zustimmend genickt, manche lachten rau auf. Wo die Flaschen im Regal Lücken ließen, sah der Säufer sich selbst im Spiegel. Wenn er noch geradeaus kucken konnte, und wenn der Kippenqualm es zuließ. Der Nebel war inzwischen so dicht wie in einem Vulkanschlot. Die meisten hier rauchten selbstgedrehtes Billigkraut, man roch das mehr, als dass man es sah. Aber Vera schwörte auf Ducals, »da geb ich gern 'ne Mark mehr für aus.« Ihre Finger mit der Zigarette waren sehr ausgestreckt, eine geradezu grazile Geste. Mehr als vier Züge brauchte sie nicht pro Stengel, denn Vera zog heftig. Wenn die Fluppe die Lippen verließ, machte es »plopp«.

Der Alte zu meiner Rechten schien von unserem Gespräch nicht das Geringste mitbekommen zu haben. Hin und wieder brabbelte er Satzfetzen vor sich hin: Christa, ich müsste ... Christa, ich werd dann mal ... Christa, ich sollte wohl ... Bevor er eine neue Flasche antrank, leckte er ihren Rand einmal rundherum und sehr gründlich ab. Es gibt attraktivere Gesten, aber vielleicht verlangte das sein Hygieneverständnis. Laut Aristoteles besitzt »Bier die Eigentümlichkeit, den Menschen, der zu viel davon getrunken hat, nach rückwärts fallen zu lassen, während allzu reichlicher Weingenuss ein Niederstürzen nach allen Seiten verursacht.« Demgemäß müsste mein Nachbar längst rücklings auf dem Boden liegen, anstatt immer wieder vornüberzusinken.

Beim Blick nach unten sah ich, wie sein Bein zuckte. Der steife, alte Kerl versuchte, von seinem Hocker zu klettern. Irgendwann ging ein Ruck durch das Gerippe, und sein rechtes Bein fiel über den Abhang der Kunstlederpolsterung auf den Boden. Langsam zog es den klapprigen Körper nach. Als er stand, verharrte er eine volle Minute reglos. Dann kippte der Oberkörper leicht nach vorn, und der ganze Mensch setzte sich in Bewegung.

Vom Pinkeln zurückgekehrt, wirkte der Alte dann deutlich gestärkt. Fast wie ein junger Turner aufs Seitpferd schwang er sich zurück auf den Hocker. Ein routinierter Griff über den Tresen, und schon kippte er sich den Rest seiner Pulle in den Hals. Christa sah ihm zu, sah der verschwindenden Flüssigkeit nach und bestellte sich einen Viez mit Wodka.

»Der war früher bei der Versicherung«, erklärte sie mir. Dabei sah sie mich an, als wäre dieser Mann richtig tief gefallen. »Der hat mit den Amis Geschäfte gemacht, das glaubst du gar nicht. Alles verloren, die Frau an den Krebs und den Job an den Suff.« Vera zog an ihrer Ducal, bis die Fingerkuppen glommen. »So scheiße sah der allerdings schon immer aus«, setzte sie dann nach. Und lachte sich halb kaputt.

Das Kloppemännchen

Eine Kurzgeschichte

Verflucht, was ist das denn?«, rief Willi Lipscheid, der vorn auf dem Bock saß.

Die flackernde Öllampe beschien nur undeutlich das Bild, das sich ihnen bot. Hans, eingeklemmt zwischen Lipscheids Kindern Karl und Lieselotte, reckte den Hals. Willi Lipscheid stoppte den Klepper und übergab die Zügel seiner Frau. Knochenbleich krampften sich Tante Annas Knöchel um das Leder, während Onkel Willi, die Lampe in der Hand, vom Wagen sprang. Aller Spaß, den Hans auf der großen Bitburger Kirmes empfunden hatte, schien in einem Moment wie weggeblasen.

Als der Onkel die Szene schließlich beschien, lag da ein Mensch quer über den Weg gestreckt. Seine verrenkte Haltung, das Gesicht nach unten und halb in einer Pfütze des Fahrwegs, deuteten auf nichts Gutes. Aber der Junge lebte. Genau wie seine beiden Kumpane am Wegesrand.

»Mein Gott, diese Mehrings«, sagte Tante Anna.

Denn um niemand anderen handelte es sich: Manni, Maathes und Gerd Mehring, die Brüder aus dem Nachbardorf Malberg.

»Das hatte sich auf der Kirchmess ja wohl schon angebahnt«, sagte Onkel Willi und schlug dem stöhnenden Manni auf die Wangen. Der berappelte sich ein wenig, war jedoch noch weit davon entfernt, wieder auf eigenen Beinen zu stehen. Unwillig packte der Onkel ihn unter den Armen und zerrte ihn hinüber zu seinen Brüdern. Karl und Liesel drückten sich in ihre Sitze.

»Gerd ist in meiner Klasse«, entfuhr es dem erschreckten Hans. Sofort schämte er sich seiner hellen Stimme. Karl feixte.

»Die werden schon nicht sterben bis morgen«, sagte Onkel Willi.

»Mein Gott, diese Mehrings«, sagte Tante Anna.

In der warmen, sternenklaren Nacht summten die Insekten ihr Lied. Willi Lipscheid schnalzte mit der Zunge, weiter ging die Fahrt. Der Weg nach Kyllburg führte nun bergab, das Pferd sträubte sich gegen den bremsenden Zug des Onkels. Aber schließlich verfiel es in einen vorsichtigen Trott. Hans glaubte, in der Ferne die Umrisse der Stiftskirche zu erkennen. Obwohl er sonst nichts Gutes mit ihr verband, beruhigte ihn nun der Anblick.

»Irgendwann werden wir hier auch Automobilstraßen haben«, sagte Onkel Willi. »Wie in Berlin die verdammten Preußen.«

Sie passierten eine einsam stehende, mächtige Buche. Je näher sie ihr kamen, desto mehr Sterne geisterten durch ihr Laubwerk.

»Genau hier hat Heini Meisen das Kloppemännchen gesehen«, sagte Hans.

Die Stille lastete auf ihm wie Heini Meisens Fuß, als der ihn einst in der Schulpause verprügelt hatte. Karl lachte höhnisch auf: »Und morgen kommt der Osterhase.«

»Bist du still!«, sagte Tante Anna.

Willi Lipscheid drehte sich zu seinem Sohn um und sah ihm streng in die Augen: »Das Kloppemännchen wirst du noch früh genug kennenlernen, Rotzlöffel.«

Der Junge zog die Schultern an den Hals und senkte den Kopf. Als der Vater sich wieder nach vorn drehte, spuckte er Hans, ins Pferdegetrappel hinein, auf dessen nacktes Knie.

»Bist du nicht mit der Judith zusammen?«, grinste er ihn dann an.

»Nein.«

»Bist du wohl. Hört mal her, Leute: Hansi Nachtweih ist mit der Mehrings Judith zusammen.«

»Das stimmt nicht«, sagte Hans. In seiner Tasche rieb er die beiden Murmeln, dass sie knarzten.

»Alle Nase lang flüstern sie miteinander«, fuhr Karl fort. »Das wird noch richtig was mit den beiden.«

Hans' Schmerz war süß, obwohl er sich das nicht eingestand.

»Dafür hast du gar keine Freundin«, meldete sich nun Karls Schwester Liesel. »Nicht mal eine Mehring'sche.«

Karl wollte rüberlangen, aber Tante Anna sprang ihrer Tochter bei. »Still bist du jetzt, und setz dich gerade hin!«

Der Pferdewagen hoppelte über einen Stein. Onkel Willi korrigierte den Klepper.

»Eine Hübsche ist das, die Judith«, sagte er dann. »Da hast du gar keinen schlechten Fang gemacht, Hans.«

»Nie und nimmer hättest du dich mit einer Mehring zufriedengegeben«, maulte Karl.

»Glaub das man ja nicht«, sagte Willi, »die Mehringsmädchen dieser Welt …«

Anna legte ihm eine Hand auf den Mund. »Lass mal gut sein, Mann.«

Willi lachte und legte seinerseits eine Hand auf Annas Oberschenkel. Die beiden rückten näher aneinander, das Gespräch war beendet.

Hans träumte von einer Flucht. Gemeinsam. Über die sieben Berge. Das alte Pferd klickediklackerte über den Kies. Eine Insektenwolke deckte die Kinder auf dem Rücksitz ein. Macheten ihre Hände, schlugen sie um sich. Die ölige Hitze des Abends wich allmählich der nächtlichen Kälte, die sich wie eine Schlange um die Hüften der Kinder legte. Versteckt hinter einem Wermutstrauch kicherte das Kloppemännchen.

Vor dem Hof der Lipscheids stiegen alle vom Wagen. Karl und Liesel spannten das Pferd ab und führten es auf die Weide. Tante Anna nahm Hans bei der Hand. Im Haus gab sie ihm eine Lampe.

»Und du bist sicher, dass du den Weg allein schaffst?«

»Danke, Tante Anna, ich komme zurecht. Papa hat bestimmt ein Licht ins Fenster gestellt.«

»Und nicht, dass der Hermann denkt, seine Schwester entlässt den Jungen halb verhungert nach Haus.«

»Nie und nimmer«, sagte Hans fest.

Tante Annas Augen glänzten. Sie gab ihrem Neffen einen Kuss.

»Es war toll auf der Kirmes«, rief Hans zum Abschied. Da rannte er schon über den schmalen Pfad hinunter zur Kyll.

Tau hatte sich über die Gräser gelegt. Hans' dünne Lederschuhe zogen Wasser. Er überquerte den Fluss und erklomm den jenseitigen Hang. Über die kleine Gasse, die zum Annenberg hinaufführte, erreichte er den Hof. Auf der Mauer von St. Maximin verschnaufte er kurz. Durchs Fenster sah er den Vater in der Küche hantieren. Es war das erste Mal, dass er seinen Sohn »alleine« so weit weg gelassen hatte.

»Hattest du Spaß?«, fragte Hermann.

»Das war die schönste Kirmes meines Lebens«, antwortete Hans.

»Hast du Hunger?«

»Ja, großen!«

»Ich habe Suppe gemacht«, sagte der Vater und setzte ihm einen Teller vor. Daneben stellte er einen großen Becher Milch.

»Wer hat beim Fußball gewonnen?«, fragte Hans.

»Wir hatten keine Chance, meinte der Essers Hein. Ich konnte nicht selber zum Spiel.«

»Was lag denn an?«

»Heute Morgen habe ich nach den Hopfenstauden gesehen. Eine Trockenmauer war eingebrochen.«

Hans sah auf, seinem Vater in die Augen. So eine Mauer wieder herzurichten war kein Pappenstiel. Aber Hermann Nachtweih ließ sich nicht anmerken, ob er verärgert oder erschöpft war. Schweigend leerte Hans seinen Teller. Um die letzten Suppenreste auszukratzen, nahm er den Zeigefinger zu Hilfe.

»Und was hast' heute Nachmittag gemacht?«

»Da war ich in Malberg, am Hopfenhaus. Ich bin auch unten bei den Mehrings vorbeigekommen.«

»Hm«, machte Hans, und eine Hitzewelle durchfuhr seinen Körper. »Die haben wir auf der Kirmes getroffen«, sagte er schnell, »denen ging's danach gar nicht gut.«

»Ja, da waren sie alle, um sich zu betrinken. Aber deine Freundin nicht.«

»Judith ist nicht meine Freundin.«

»Na ja, ich hab sie jedenfalls hinterm Hopfenhaus gesehen, mit einem fremden Jungen.«

Sein Vater sah ihn nicht an. Hans war, als ob die Sanduhr im Regal plötzlich zu laufen begonnen hätte. Der Sand knirschte, dass es ihm eine Gänsehaut über die Unterarme trieb. Sein Cousin Karl hatte unrecht: Das Kloppemännchen existierte.

»Und was haben die gemacht?«

»So genau konnte ich das nicht sehen«, sagte Hermann. »Aber gehört hab' ich sie gut. Vor allem die Judith.«

Als der Vater Judiths Namen aussprach, zuckte Hans zusammen.

»Woher weißt du, dass sie es war? Du hast doch gesagt, so genau konntest du gar nichts sehen.«

»Die Judith schon. Die hab ich erkannt.«

»Und den Jungen?«

»Den nicht. Der war fremd. Und ziemlich erwachsen.«

Eine Pause entstand. Hans starrte vor sich hin, unfähig aufzustehen.

»Tut mir leid, Junge«, sagte Hermann

»Und«, nahm Hans einen weiteren Anlauf, »hatten sie Spaß, die beiden?«

»Wenn du mich fragst: Ja, hatten sie.«

Hermann nahm den Teller und legte ihn in den Waschtrog. Als er mit einer Schale Apfelmus zurück zum Tisch kam, bedeckten Tränenflecken das Holz.

»Iss das Apfelmus, Hans.«

»Nein, ich bin satt.«

»Wenigstens ein bisschen.«

»Nein.«

Der Vater schüttelte den Kopf.

»Wo genau hinterm Hopfenhaus haben sie gelegen, Papa?«

»Du gehst jetzt mal besser ins Bett, Junge.«

Oben in seinem Zimmer zog Hans seine nassen Schuhe aus und legte die Kleider ab. Er hörte, wie sein Vater in der Küche abspülte und in sein Zimmer hinter dem Waschraum ging.

»Ich bin ein gebrochener Mann«, sagte sich Hans. »Ich bin ein gebrochener Mann.«

Er drehte sich auf die rechte Seite, legte die gefalteten Hände unter die Wange und weinte tränenlos. Sämtliche Mückenstiche begannen zu jucken und schwellen, besonders die in der Kniekehle. Aber Hans rührte sich nicht. Wie immer hatte er die Tür nur angelehnt. Simit, Hans' Katze, die noch seine Mutter getauft hatte, schlich sich herein. Sie sprang aufs Bett und rollte sich am Fußende zusammen. Durch das geöffnete Fenster sah Hans den Mond. Über die Frage, ob seine Sichel gerade zu- oder abnahm, vergaß er Judith für ein Weilchen. Schließlich schlief er ein.

Am nächsten Morgen zog ein Sturm über den Annenberg. Die Blätter rauschten lauter als die Kyll, der Fensterladen klapperte. Hans lag eine ganze Zeitlang wach, bevor ihm wieder einfiel, dass er ein gebrochener Mann war.

Zehn Tacken

Es gibt Wege, die geht man nur einmal. Nach Bitburg zum Beispiel. Und ich werde auch nie wieder ein Haus renovieren. Nicht, weil ich die Arbeit scheute. Im Nachhinein hat sie mir sogar Spaß gemacht. Jeder kennt das: Hängst du mitten drin im Schlamassel, fühlst du dich elendig. Blickst du darauf zurück, hast du was zu lachen.

Nein, weitere Renovierungen sind deshalb nicht geplant, weil in unserem Eifelhaus nun alles steckt, was verwirklicht werden wollte. Wir haben einen dilettantischen Durchbruch gemacht, wo vorher eine perfekt installierte Tür war. Nur um auf dem Weg zum Kühlschrank zwanzig Zentimeter Breite zu gewinnen. Mein Schreibtisch steht auf Stelzen, damit ich beim Arbeiten einen schöneren Blick über das Kylltal habe. Ich schlafe in einem mit alten Zeitungen ausgeschlagenen Zimmer voller Devotionalien meines favorisierten Fußballclubs. Über dem Bett hängt die Urkunde für langjährige Mitgliedschaft, und sogar den Fußabtreter schmückt der Geißbock – selbstverständlich würde ich ihn nie beschmutzen.

Nach und nach wurden auch die ausgefalleneren Ideen umgesetzt. Um unser Landhaus noch ländlicher zu machen, hängt ein Hirschgeweih in unserem Esszimmer. Es ist nicht ganz symmetrisch. Dieser »Ungerade 14-Ender«, wie man jägerlateinisch sagt, hat sicher einige Kämpfe bestehen müssen. Das Geweih hat meine Mutter organisiert. In ihrem Bekanntenkreis gibt es einen pensionierten Jäger, wir hätten auch noch ein paar Dutzend Rehe haben können. Aber es ging ja nicht um die Masse, sondern ums symbolische Unikat. Außerdem bin ich nicht Old Shatterhand.

Weil man keine Löwen tötet und der Jäger keine Wildsau übrighatte, habe ich mir ein Kuhfell zugelegt. Goldbraun, mit weißen Flanken schmückt es nun den Boden meines Arbeitszimmers. Ich kannte das Tier nicht, bilde mir aber ein, dass es sehr hübsch gewesen sein muss. Wenn ich zwischen den Haaren einen Krümel entdecke, picke ich ihn sofort auf. Bevor ich mich dann wieder erhebe, streichle ich über das am Widerrist noch dichtere, sehr weiche Fell meiner Kuh. Das bin ich ihr schuldig, und vielleicht gefällt es ihr sogar.

Die Krönung an Exzentrik aber ist sicherlich der van Gogh. Ich nenne ihn meinen »echten« van Gogh, denn es handelt sich um keinen schnöden Kunstdruck, sondern um ein Gemälde. Irgendein begabter Kunststudent hat es – Pinselstrich für Pinselstrich – für mich gemalt. Ich bin ziemlich stolz auf den van Gogh, aber die Reaktionen meiner Freunde waren nicht durchweg positiv. Absolutes Banausentum, sich solch einen Klassiker kopieren zu lassen, sagen die einen. Andere bewundern die Chuzpe und gehen zu Hause direkt ins

Internet, um sich einen vier mal drei Meter großen Turner zu bestellen.

Das Bild heißt *Die Brücke von Langlois*, van Gogh hat sie mehrmals gemalt. Langlois ist kein Ort, sondern der Name des Brückenwärters. Eigentlich müsste man von der »Brücke von Arles« sprechen. Das Original meiner Version hängt im Kölner Wallraf-Richartz-Museum. Diese van-Gogh-Farben, die Provence im Sonnenschein, eine archaische Klappbrücke und darauf eine geheimnisvolle, schwarz gekleidete Frau: Da erzählen sich die Geschichten ganz von selbst. Jedes Mal, wenn ich das Bild betrachte, werde ich Teil davon. Manchmal beobachte ich die Szenerie aus der Perspektive des Malers, vorn rechts vom Ufer her. An anderen Tagen sehe ich mich auf dem Karren am linken Bildrand und transportiere Meersalz nach Arles auf den Markt. Am liebsten jedoch sitze ich rechts vor dem Haus des Brückenwärters Langlois und trinke einen Rotwein mit ihm.

Wir reden nicht viel, aber fühlen uns großartig. Er, weil er den besten Job der Welt hat, und ich, weil ich nichts anderes zu tun habe, als neben dem Mann mit dem besten Job der Welt ein Glas Wein zu trinken. In Langlois' Mundwinkel klebt eine *Gitanes Jaune*, die mit dem Maispapier. Der Duft des schwarzen Tabaks in der flirrenden Luft ist umwerfend würzig. Langlois sagt:

»Die Frau steht da schon seit Stunden.«

»Kennst du sie?«, frage ich.

»Nein«, sagt Langlois, »aber ich fürchte, ich weiß, wer das ist.«

Der Satz jagt mir einen Schauer über den Rücken, aber ich bekomme keine echte Angst. Im Gegenteil. Abends, wenn es schummrig wird, denke ich darüber nach, die schwarze Frau anzusprechen. Aber das tut man natürlich nicht. Die lernt man noch früh genug kennen.

* * *

Ziemlich genau ein Jahr war vergangen, seit wir zum ersten Mal vor dem Narren-Haus gestanden hatten. Deshalb beschlossen wir, nun fertig zu sein mit der Renovierung. Mit der Neugestaltung eines Hauses ist es wie mit dem Bücherschreiben. Man steht vor einem großen Projekt und fiebert dem Tag entgegen, an dem man es endlich vollendet hat. Eine schwere Last wird von meinen Schultern fallen, ich werde feiern bis zum Umkippen. So stellt man sich das vor. In Wirklichkeit jedoch gibt es diesen Tag gar nicht, weil immer noch etwas zu tun ist. Da hat der Lektor seine Korrekturwünsche, da fallen einem selbst die ersten Fehler auf, und dann hat sich womöglich in der Zwischenzeit ein geschilderter Sachverhalt verändert, der Nachbesserung erfordert. Die große Vorfreude verpufft allmählich und geht über in eine Phase unangenehmer, erschöpfender Kleinarbeit.

Und dennoch: Irgendwann gibt man ein Manuskript endgültig aus der Hand. Man lässt los. Wenn das Buch in der Druckerei ist, gibt es kein Zurück mehr. Und wenn man schließlich das erste Exemplar in der Hand hält, hat man gewonnen. Bei einem Haus hingegen liegt die Sache anders. Es mag aus Stein bestehen, aber es führt ein organisches Dasein: Hier wuchert etwas zu, dort blättert etwas ab, und da hinten steht eine größere Operation an. Es gibt also kein Aufhören, sondern nur ein Innehalten. Und das nennt man dann Einweihungsfeier.

Eine Woche nach besagter Feier saß ich in meinem Arbeitszimmer unterm Dach. Ich betrachtete meinen echten van Gogh, und wie nicht selten führte mich die Brücke von Arles früher oder später zur Kyllburger *Brückenschänke*. Langlois macht Feierabend, die schwarze Frau wird unsichtbar, Zeit für ein Bierchen.

Krumm, als suchte sie nach dem stärksten Gefälle, fließt die schmale Gasse gen Fluss. Schon von fern hört man das Rauschen des Wehrs. Vor der Brückenschänke hängt keine Getränkekarte. Warum auch, im Wesentlichen hat man sowieso nur die Wahl zwischen Bitburger und Viez. Und zwischen Batralzem und kein Batralzem.

Aber die nimmt einem der Wirt auch gern mal ab: »Hier, trink! Ist tiptop, dat Zeuch.«

Der Batralzem heißt bei ihm ohne Wenn und Aber *Balsam* und gilt dementsprechend nicht als Schnaps, sondern als Medizin. In die Tür ist eine kleine Luke eingelassen. Wie der Ausguck für den Türsteher. Oder wie eine Schießscharte. Direkt hindurch blickt man auf eine bemalte Holztafel, darauf ein gruselig im Wind baumelnder Gehenkter und der Spruch: *Der macht auch keinen Deckel mehr.*

Immer wieder eine Freude, hier einzutreten.

Auf seinem Kissen auf der Theke liegt der dreibeinige Hund. Mit seinen über die Augen wachsenden Zotteln erinnert er an Joey Ramone. Der Kleine kläfft allerdings ein bisschen höher als Joey. Sein dürrer Körper zittert, wenn er sich erhebt. Das fehlende Bein erfordert ein anderes Auspendeln, um zur Ruhe zu kommen. Irgendwann jedoch steht die Triangel seiner Gliedmaßen und setzt sich hoppelnd in Bewegung.

Hintendurch tagt die Frauenrunde. Es geht hoch her, aber das Thema bleibt mir verschlossen. Übers Kochen reden die Mädels jedenfalls nicht. Darüber lacht man anders.

St. Thomas und der Malberger scharren mit den Hufen. Die wollen würfeln. »Spielst du mit?«, fragt der Wirt. Aber da steht auch schon ein ledernen Becher vor mir. Der Holländer streicht sich die Haare zurück und zieht an seiner Selbstgedrehten: »Ich weiß auch nicht, warum der Hund immer zu mir kommt«, sagt er. Ein Grund könnte allerdings sein, dass er ihm stets eine Handvoll Leckerlis hinhält.

Der dreibeinige Idefix umkurvt meinen Würfelbecher. Als ich ihn anhebe, liegt ein Schock 2 auf dem Tresen. Damit kann ich leben.

Zu Hause in Köln nennen wir diese niedrigste Ergänzung von Doppeleinsen einen Schock Doof. Aber in Köln, im Eigelstein, gibt es auch keine Jule: »Sieben Deckel«, freut sich der Malberger. Denn die Jule folgt hier in der Hierarchie direkt nach dem Schock Aus.

Aus den Boxen dringt plötzlich eine fremde Musik. Keine Trommeln mehr, keine verzerrte Stromgitarre. Kennt noch jemand *Horsti Schmandhoff* von Franz-Josef Degenhardt?

Horsti malocht eigentlich auf der Zeche, wie alle anderen in Strathmanns Kneipe. Aber irgendetwas hat der Kerl. Einen Schlag bei Frauen. Stehvermögen, wo immer es gefragt ist. Eine Mischung aus Großkotzig- und Spitzbübigkeit. Und dazu, lebenslang offenbar: schieres Glück:

Ihr, die Kumpanen aus demselben Viertel voller Ruß,
aus gleichen grauen Reihenhäusern und aus gleichem Guß,
(...) wenn ihr (...) von neuen Dingen sprecht
und über alte Witze lacht,
und einer von euch fragt:
»Wer weiß, was Horsti Schmandhoff macht?«
Kumpanen, dann, dann fällt euch ein:
Ihr wolltet mal genau wie Horsti Schmandhoff sein.

Das Lied taucht die Kneipe in ein anderes Licht. Gilbgelber als vorher, Castrop-Rauxel in den Fünfzigern. Plötzlich riecht es nach Schuhwichse, gestärkten Hemden und Pitralon.

Ich warte auf die nächste Strophe, aber schon knallen wieder die Becher auf die Theke. St. Thomas hat verloren und ordert seine Runde. Der Wirt stellt die Silberhälschen vor uns hin und füllt ohne Umstände die Schnapsgläser auf. Horsti Schmandhoff schlägt mir kumpelhaft auf die Schulter, also runter mit dem Zeug. Wenige Würfe später liegen elf der dreizehn Deckel vor mir. Eine Pechsträhne, die erste Hälfte habe ich auch schon verloren. Ich bräuchte jetzt einen Glückswurf. Einen Lucky Punch, der mich von Null auf Hundert katapultiert. Also spucke ich symbolisch auf die Würfel, bevor ich sie in den Becher werfe.

Vorn am Hochtisch sitzt seit geraumer Zeit ein Pärchen. Er ist noch etwas dicker als sie, die beiden sind mit einer Goldwing unterwegs. Wahrscheinlich übernachten sie in der Pension hinter der Kneipe. Und nun wollen sie zahlen.

»Zehn Tacken«, sagt der Wirt.

Die Biker sehen ihn irritiert an. Ich kenne diesen Blick aus vergleichbaren Situationen. Er kann zwei Gründe haben: Entweder sind zehn Euro viel zu viel oder viel zu wenig. Denn der *Brückenschänken*-Wirt sagt immer: zehn Tacken.

Mir ging es anfangs nicht anders als dem Bikerpärchen. Egal, ob ich hier mehrere Stunden verbracht oder nur ein schnelles Bier getrunken habe, die Rechnung war immer dieselbe. Zehn Tacken eben. Im ersten Moment könnte man meinen, dieser Wirt mache es sich vielleicht ein bisschen einfach. Der sei womöglich ein wenig bequem. Schließlich gibt es hier auch keinen Zapfhahn, sondern nur Flaschenbier. Und weil er nicht für jede Pulle nach hinten in die Küche laufen will, stehen die Folgeflaschen immer schon unterm Tresen. Aber hinter seiner Preisgestaltung, da bin ich mir inzwischen sicher, steckt etwa anderes als Faulheit. Etwas Metaphysisches.

Zehn Tacken, das ist ein Mantra. In der Kirche füllst du den Klingelbeutel für dein Seelenheil. Dem Staat zahlst du Steuern, damit er dein Leben beschützt. Und in der *Brückenschänke* zu Kyllburg latzt du am Ende zehn Tacken, damit du morgen wiederkommen darfst. Wer das erst einmal kapiert hat, ist im Club. Der versteht auch, warum sich nie jemand über seinen Deckel beschwert. Denn zehn Tacken, das entspricht dem Gesellschaftsvertrag, den hier alle stillschweigend geschlossen haben.

Im Tower zu London leben sechs royale Kolkraben. Sie werden von einem fest angestellten *Ravenmaster* gehegt und gepflegt. Der Mann wird gut bezahlt, und das hat seinen Grund. Denn die Legende besagt, dass die Monarchie untergeht, wenn die Raben verschwinden. Und wenn wir in der *Brückenschänke* irgendwann einmal nicht die zehn Tacken bezahlen, bricht Kyllburg in die Kyll.

* * *

Ein Trio Flüchtlinge kommt herein. Die Jungs bestellen ein Bier und hacken sich ins WLAN. In ihrer Unterkunft haben sie kein Netz, hier unten hat man ihnen das Schänkenpasswort gegeben. Die Brückenwirtin gehört zur Frauengruppe hinten am Thekenknick. Den dreibeinigen Hund auf dem Arm, unterhält sie sich mit den Syrern. Einer streichelt den Hund. Schöne Szene.

Ich würfele drei Fünfen, mein Lieblingswurf. Ein General, der bei uns im *Durst* »Ecki« heißt, zum Gedenken an den nach Irland geflohenen Kneipengründer. Der dreibeinige Hund bellt meinen Becher an. Ich nehme das zunächst als Beifall, aber es verkehrt sich zum bösen Omen. Die Schocks der Mitspieler bescheren mir die restlichen Deckel.

»Tiptop«, sagt der Wirt und spendiert eine Runde Balsam.

Über die Würfelei schwenkt das Gespräch zur Mathematik. Der Holländer wird philosophisch: »Wenn ich abends meine sechs, sieben Bierchen getrunken habe und an die drei, vier denke, die ich noch trinken werde, weiß ich, dass ich ein Problem bekomme mit den zwei, drei anderen, die am Ende immer noch dazukommen.«

»Kuck an, unser Käsekopf«, sagt jemand. Und der dreibeinige Hund leckt dem Holländer anerkennend die Finger.

Aufmerksam zugehört hat auch Thorsten, unser Schreiner, der vorn bei den Zeitungen hockt. Vorhin noch habe ich an seinem Tisch gesessen und Eifeler Landbrot gegessen. Der Tisch war – mit Abstand – das letzte Möbel, das in unseren neuen Haushalt fand. Aber dafür stammt kein Span dieses Tisches aus dem Saarland.

»Früher hat man sein Bier aus Halbliterpullen getrunken«, hebt er hinter uns an. »Und heute denkt ihr Pfeifen, ihr trinkt Drittelliter.«

Seine folgende Pause ist bedeutungsschwer. In die Stille hinein knallt St. Thomas eine kleine Straße auf die Theke. Thorsten wirkt ein bisschen beleidigt. Seine Stimme klingt patzig, als er sagt: »Aber ein Drittelliter, das weiß jedes Schulkind, sind null Komma Periode drei Liter, und nicht null-drei-drei wie bei den verdammten Stubbis. Also bescheißen die uns mit jeder Flasche um null Komma, null null Periode drei Liter, stimmt's?«

»Stimmt haargenau, Thorsten«, sagt der Malberger und würfelt.

»Tiptop«, ergänzt der Wirt und schiebt Thorsten einen Balsam rüber. Aber diesmal verfehlt er seine Wirkung.

»Ihr denkt jetzt, das ist wenig. Aber bei tausend Flaschen sind das schon über drei Liter. Und sagen wir mal, bei einer Million haben die uns schon um über

6.666 Stubbis beschissen. Wisst ihr eigentlich, wie viel Bifis man davon kaufen könnte?«

Thorsten blickt empört in die Runde.

»Das würd ich aber noch mal nachrechnen«, meint St. Thomas.

Alle lachen. Außer einem. Hinterm Fenster bricht die Dämmerung ins Tal. In Überbrück gehen die Lichter an. Je dunkler das Wasser, desto lauter das Rauschen des Flusses. Pink Floyd singen vom Crazy Diamond:

Remember when you were young you shone like the sun.
Now there's a look in your eyes, like black holes in the sky.
You were caught in the cross-fire of childhood and stardom,
Blown on the steel breeze.
Come on you target for faraway laughter,
Come on you stranger, you legend, you martyr, and shine.

Mir ist plötzlich nicht mehr nach Balsam, Bier und Bechern. Ich beschließe, noch eine nächtliche Runde durch die Kyllschleife zu machen. Draußen tauche ich in eine schwül-warme Spätsommernacht. An der Brückenschänke vorbei führt die Mühlengasse kompromisslos nach oben. Ein schmaler Fußweg zwischen einer hohen Trockenmauer und dem steilen Abhang hinunter zum Mühlenteich. Käme hier Raubritter Kuno mit seinen Spießgesellen angeritten, ich hätte keine Chance zu entrinnen. Am Haus des Gastes schwenke ich nach links zum Hahn. Der Wald verschluckt mich, unten vom Campingplatz her geistern ein paar matte Lichter durchs Geäst. Seltsamerweise komme ich weder vom Weg ab, noch machen mir Schlaglöcher oder Felsbrocken zu schaffen. Das muss das Heimatgefühl sein, sage ich mir.

Um das Schicksal herauszufordern, nehme ich statt des letzten Wegstücks den Trampelpfad hoch zur Stiftskirche. Da geht man durch Schneisen im alten Bering, schlägt sich durch Brombeerhecken und quert wildwachsende Wiesenstücke. Selbst tagsüber ist das kein ganz einfaches Unterfangen. Aber heute finde ich auch in der Dunkelheit die Ideallinie. Undeutlich tauchen die Umrisse der Kirche auf. Maria lactans ist jetzt sicher schon schlafen gegangen. Es sei denn, ihr Kleiner quäkt. Vor dem Eingang verschnaufe ich eine Weile und lausche in die Stille hinein. Die Eifel macht keinen Mucks, nur der Rauschen rauscht. Preußisch-Sibirien mag kein Schock-Aus sein, aber für eine knackige Jule reicht's allemal. Toll, hier ein Haus zu haben.

»Die größten Ereignisse – das sind nicht unsre lautesten, sondern unsre stillsten Stunden«, schrieb Nietzsche. Als ich mich auf den Weg nach unten mache, steht in der Einfahrt vom Pfarrhaus eine dunkle Figur. Sei es der Pfarrer persönlich oder van Goghs schwarze Dame: Ich grüße, und der Schemen hebt seine Hand. Es sieht aus wie ein Segen. Als ich die Tür öffne, um hoch in mein FC-Zimmer zu klettern, kommt mir ein Satz in den Sinn: Ich bin nicht mehr der, der angekommen ist. Sondern der, der da ist.

»Was ist das Leben?«

Viele Jahre lang hatte sich der heilige Willibrord in eine einsame Höhle in der Eifel zurückgezogen. Irgendwann, so hieß es landauf, landab, hatte er dabei den Sinn des Lebens gefunden.

Ein steinreicher Städter fühlte sich unerfüllt als Kapitalist, Villenbesitzer, Golfspieler und und und. Also verschenkte er all sein Hab und Gut, verließ seine Familie und machte sich ohne Schuh und Strümpf auf den Weg zu dem Einsiedler. Viele Monate suchte er ihn, durchstreifte Wald und Wiesen, verirrte sich und kämpfte mit Krankheiten und Verletzungen. Eines Tages jedoch, kurz hinter Birresborn, fand er schließlich, den er suchte.

Ohne Umschweife kam er zum Urgrund seiner Reise: »Heiliger Willibrord, sage mir: Was ist das Leben?«

Der Weise aus der Eifel dachte eine Weile nach, nahm ein Schlückchen von seinem selbstgebrannten Obstler und hob dann an: »Das Leben, mein Sohn, ist ein langer Fluss, der seinen Anfang am Tage deiner Geburt nimmt und …«

Der Stadtmensch unterbrach ihn brüsk: »Habe ich jetzt etwa alles verschenkt, all diese Strapazen überwunden, um mir diesen abgedroschenen Unsinn anzuhören? Das Leben ist ein langer Fluss? Dann hätte ich auch zu Hause bleiben und meinen Luxus weiter genießen können!«

Da fragte der Einsiedler überrascht: »Wie? Das Leben ist kein langer Fluss?«

Zu guter Letzt

Wer sich wiederzuerkennen glaubt und gut getroffen fühlt: Er ist es.
Wer sich wiederzuerkennen glaubt und schlecht getroffen fühlt: Er ist es nicht.

Gewidmet ist das Buch meiner Frau, also Barbara Thoben.

Mein besonderer Dank gilt:
- Pfarrer Klaus Bender für einen informativen Nachmittag auf seiner Terrasse unterhalb der Stiftskirche
- Ernest Hemingway für seine Vorlage zur Geschichte vom Kloppemännchen (*Zehn Indianer* aus der Sammlung *Männer ohne Frauen*, 1927)
- den diversen Handwerkern, die zur Renovierung unseres Hauses beitrugen
- den Kolleginnen und Kollegen vom Holzkurs, vor allem Kursleiterin Laura Danzi
- und natürlich den Jungs und Mädels aus der *Brückenschänke*, allen voran Marion und Ulli.

Manfred Lang &
Dr. Franz-Josef Zumbé

EIN DOC IN DER EIFEL

Hardcover, 272 Seiten
ISBN 978-3-95441-280-8
13,95 EURO

Ein Doc aus der Eifel«, das ist Dr. Franz-Josef Zumbé, Landarzt auf dem Hochplateau im Dreiländereck der Bistümer Aachen, Köln und Trier. Er ist Eifeler von Geburt und aus Überzeugung, theologisch und medizinisch zweigleisig gebildet, ein Schlitzohr und Eifeler Platt schwadronierender Menschenfreund der Marke »hart, aber herzlich«.

In diesem Buch erzählt Dr. Franz-Josef Zumbé im Dialog mit dem Journalisten und Diakon Manfred Lang köstliche Episoden, Anekdoten und Schmonzetten, die er in fast 40 Jahren mit seinen Patienten erlebt hat.

Beide Autoren haben sich für diesen wunderbaren Erzählband immer wieder getroffen – und dabei tiefen Einblick in die Eifeler Seele gewonnen. Das angeblich »krummbeinige, diebische Bergvolk« erweist sich als überaus liebenswürdiger Menschenschlag mit dem beneidenswerten Talent, das Leben und auch die Krankheit nicht tierisch ernst zu nehmen. Man neigt weder zur Wehleidigkeit, noch zur Hypochondrie und nimmt die Unebenheiten des Lebens eher gleichmütig und humorvoll zur Kenntnis. Vor dem Lesen wird gewarnt: Als Nebenwirkung ist Lachen bis an die Schmerzgrenze möglich ...

Hartmann / Kramp

EIFELER HERD IST GOLDES WERT

Großformat, 168 Seiten
ISBN 978-3-940077-46-2
12,95 EURO

Panhas, Döppekooche, Steckrübensuppe Gemeinsam haben Annette Hartmann und Ralf Kramp einen schmackhaften und spannenden Rundgang durch die traditionelle Eifeler Küche unternommen. Herausgekommen ist dabei ein Landschaftsporträt ganz eigener Art, das Appetit macht und darüber hinaus zum Nachkochen und Nachlesen einlädt. Ralf Kramp liebt seine Heimat und die hier lebenden Menschen sehr. In seinen heiteren und besinnlichen Geschichten aus unterschiedlichen Epochen setzt er sich gemeinsam mit den Eifelern an den gedeckten Tisch und widmet sich ihren alten Gerichten und Küchentraditionen. Dabei charakterisiert er auf unterhaltsame Art und Weise den Eifeler Menschenschlag und erweckt mit seinen Anekdoten längst Vergangenes zu literarischem Leben. Nebenan lädt Annette Hartmann in die Küche ein, wo sie sich genussvoll mit der Kulturgeschichte des Essens und Trinkens beschäftigt. Sie verrät alte Rezepturen und weiß vieles über moderne Herstellungsverfahren und in Vergessenheit geratende Lebensmittel zu berichten. In zahlreichen Gesprächen mit Menschen, die tief in der Region verwurzelt sind, hat sie Einblick in eine sich stark wandelnde Esstradition erhalten. Typische und charaktervolle Rezepte aus Großmutters Zeiten runden die unterhaltsame Sammlung ab.

»*Das ist volkskundliche Literatur ersten Ranges. Gerichte die kaum noch jemand kennt.*« *(Dr. Michael Faber, stellvertretender Direktor LVR-Freilichtmuseum)*

Manfred Lang

DÖRPSGESCHICHTEN

Taschenbuch, 136 Seiten
ISBN 978-3-95441-156-6
9,20 EURO

Literarische Skizzen aus vom Eifeldorf hat Manfred Lang aus »Ongendörp« mitgebracht, einem Nest, das er vor Jahrzehnten an der Postbuslinie Mechernich-Heimbach entdeckt hat. Er hat die Skizzen jetzt zu einem miniaturhaften, vorwiegend heiteren Episodenroman zusammengefügt. Im Mittelpunkt stehen die liebenswerten Dorfmenschen von »Ongendörp«. Der Autor gewährt intimen Einblick in ihren Mikrokosmos und in die alte Zeit vor 1960/1970, als die Welt noch kein Dorf, sondern das Dorf die Welt war.

Der Zeichnerin Anna Lang ist es gelungen, das alte Dorf »Ongendörp« wiederzufinden. Sie hat dort unauffällig ein paar Skizzen angefertigt, um diese Episoden zu illustrieren.

»Manfred Lang wäre nicht Manfred Lang, fänden sich in seinem Buch nicht auch jede Menge witzig-schlitzohrige Anekdoten und urkomische Einblicke in den rheinischen Sprachgebrauch – ›Hochdeutsch mit Knubbeln‹ eben.
(Kölner Stadt-Anzeiger zu ›Träumeland ist abgebrannt‹)

»Ein ehrlicher blick auf die Eifel in ihren vielen Facetten.«
(Grenzecho zu ›Träumeland ist abgebrannt‹)

Fritz-Peter Linden

ET JIT NET JERANNT

Taschenbuch, 192 Seiten
ISBN 978-3-942446-33-4
9,20 EURO

Es fing alles ganz harmlos an: Im Mai 2010 startete der Trierische Volksfreund im Eifeler Lokalteil seine samstägliche Seite mit Geschichten aus der Region. Fester Bestandteil: die Kolumne unter dem Titel »Eifel-Einsichten« von Fritz-Peter Linden. Schon bald darauf zeigte sich: Die kleine Wochenpost – mit dem mahnenden Schlusssatz »Et jit net jerannt!« – erfreute sich bei den Lesern einer unerwarteten und über die Anfangsmonate hinaus anhaltenden Popularität. Was ihren Verfasser natürlich zum Weiterschreiben anspornte. Und irgendwann begannen die Leser, nach einem Buch zu rufen.

Bitte sehr: Dieser Band versammelt alle bisher veröffentlichten »Einsichten« bis November 2011 und noch ein paar verschollene oder neue Extras, darunter eine Reihe von Zeichnungen aus der Hand des Verfassers.

»In feinsinniger Manier benutzt Linden die Mannigfaltigkeit Original Eifeler Äußerungen, um die Besonderheiten der Bewohner der Region deutlich werden zu lassen. (...) Wer tiefere Einblicke in die Mentalität des Eifelers nicht scheut, dem sei das äußerst vergnügliche Buch ans Herz gelegt.« (Kölner Stadt-Anzeiger)

Ulrich Land

**MICHEL B.
VERZETTELT SICH**

Taschenbuch, ca. 296 Seiten
ISBN 978-3-95441-328-7
10,95 EURO

Ein Roman um den radikalsten Vertreter des rheinischen Katholizismus. Ein Leben im klaffenden Abgrund zwischen Anspruch und Wirklichkeit – in der Eifel zu Zeiten der Hitlerdiktatur.

Mitte der 30er Jahre hockt Michel B. in der Eifel und pflegt – unberührt vom Unbill der Zeitläufe – sein romantisch-religiöses Dichterdasein. In der Früh zaubert er apostolische Bekenntnisse von schwülstiger Wortschwere aufs Papier, aber Punkt elf fällt ihm der Stift aus der Hand, er wirft alle gottergebenen Moralgrundsätze über Bord, sucht die nächstbeste Bauernschänke auf, gibt sich allerhand Geschlechtsvertraulichkeiten hin und erbettelt beim Klerus Almosen oder Darlehen für seine frommen Traktate - ohne diese freilich jemals wieder zurückzuzahlen.

Ab 1936 geht der Nazifaschismus im Rheinland und in der Eifel massiv gegen kirchliche Organisationen vor. Schwere Zeiten für einen Schriftsteller wie Michel, der sich als „katholischer Dichter" versteht und größtenteils im kirchlichen Umfeld veröffentlicht.

Sein Enkel Ulrich Land bekommt viele Jahre später immer wieder Geschichten seines als Filou verschrienen Großvaters aufgetischt und sieht als einzige Möglichkeit, seinem Großvater auf die Schliche zu kommen, so etwas wie fiktionale Ermittlungen – eine Mixtur aus Erfragtem und Erdachtem, aus Interviews, Dokumenten und frei dazu Erfundenem.